互联网时代实体零售经营之道

顾客为何而来

零售商如何通过差异化赢得顾客

揭超◎著

WHY DO CUSTOMERS COME

中国经济出版社
CHINA ECONOMIC PUBLISHING HOUSE
·北京·

图书在版编目（CIP）数据

顾客为何而来：零售商如何通过差异化赢得顾客/揭超著．
北京：中国经济出版社，2018.5（2024.1 重印）
ISBN 978-7-5136-5166-0

Ⅰ.①顾… Ⅱ.①揭… Ⅲ.①零售业—商业经营 Ⅳ.①F327.65

中国版本图书馆 CIP 数据核字（2018）第 075377 号

责任编辑　丁　楠
责任印制　马小宾
封面设计　任燕飞工作室

出版发行　中国经济出版社
印 刷 者　永清县晔盛亚胶印有限公司
经 销 者　各地新华书店
开　　本　710mm×1000mm　1/16
印　　张　12.75
字　　数　186 千字
版　　次　2018 年 5 月第 1 版
印　　次　2024 年 1 月第 2 次
定　　价　78.00 元
广告经营许可证　京西工商广字第 8179 号

中国经济出版社 **网址** www.economyph.com **社址** 北京市东城区安定门外大街 58 号 **邮编** 100011
本版图书如存在印装质量问题，请与本社销售中心联系调换（联系电话：010-57512564）

目录

contents

第1章 开头的话

对于零售企业来说，衡量其业绩的一个重要指标是销售额，销售额是销售量与价格的乘积。零售商若要提高销售额，就需要更大的购买量及更高的单价。但实现更多销售的前提是顾客需要产生购买意愿或惠顾意愿，只有顾客产生强的惠顾意愿才能提高其购买量；同样，只有顾客愿意在该商场支付高于其他商场平均价格的价格才能实现更高的单价。因此，本书的最终结果变量关注的是顾客的惠顾意愿与溢价支付意愿。

第2章 以前的研究

本书涉及的以前的研究成果主要可划分为四块内容，分别为关于差异化的基础理论研究、零售企业差异化研究、感知差异化的研究、顾客惠顾与溢价支付意愿的研究。

第3章 感知差异化对惠顾与支付意愿的影响

要探讨感知差异化对零售企业顾客惠顾与支付意愿的影响机理，就必须首先考虑消费者的店铺选择与购买的决策过程，因为感知差异化对惠顾意愿的影响机理同样不能脱离消费者购买的基本行为模式。本章在消费者购买的基本行为模式基础上，进一步分析感知差异化对顾客惠顾与支付意愿的影响机理。

第4章 实证数据搜集

第3章中提出的理论模型是基于前人研究结果推演出的一个概念模型，该模型是否符合消费者的实际行为还需要进一步的实证检验。由于理论模型中所涉及的概念均为无法直接测量的潜变量，因此需要开发相应的可测量的指标，并对测量量表进行测试，最后进行大规模调查。

第5章 数据分析与假设检验

本章对搜集到的数据进行处理分析，并检验第3章中所提出的假设。数据处理分析主要分为六部分，即包括描述性统计分析、信度分析、探索性因子分析、验证性因子分析、结构方程模型分析、中介变量检验与调节变量检验，最终根据分析结果对假设进行检验。

第6章 感知差异化对惠顾与支付意愿影响的多组比较

前面几章所探讨的理论模型是针对全体消费者的研究，但在现实中，消费者行为往往会受到一些人口统计变量（如收入、年龄等）的影响，具有不同人口统计特征的消费者往往会表现出不同的行为方式；同样，具有不同特性（如不同业态、不同位置）的零售企业在其差异化行为中也会呈现出不同特征。本章就重点对不同零售业态下、不同距离远近、不同收入下的顾客感知差异化对惠顾意愿及溢价支付意愿的影响机理进行比较。

第7章 研究结论与讨论

本书在零售归类模型的基础上结合前人的大量研究，提出了零售顾客的感知差异化及其构成维度对惠顾意愿及溢价支付意愿的影响机理的理论模型。本书通过大规模调查对该理论模型进行实证检验，进一步完善了该模型，本章所总结出的结论，即是对该模型的验证结果。

第1章

开头的话

对于零售企业来说，衡量其业绩的一个重要指标是销售额，销售额是销售量与价格的乘积。零售商若要提高销售额，就需要更大的购买量及更高的单价。但实现更多销售的前提是顾客需要产生购买意愿或惠顾意愿，只有顾客产生强的惠顾意愿才能提高其购买量；同样，只有顾客愿意在该商场支付高于其他商场平均价格的价格才能实现更高的单价。因此，本书的最终结果变量关注的是顾客的惠顾意愿与溢价支付意愿。

1.1 问题的提出

中国零售企业曾在20世纪90年代初期经历百货店一统天下、“千店一面”的局面，但在外来零售业态的冲击以及现有企业的激烈竞争下，这一局面迅速打破，出现了零售业态的分化。但经过近20年的发展后，零售业又进入了新一轮的“千店一面”，超市及大型超市网点数量越来越多，且不同品牌超市所经营的商品、商场布置、服务等基本大同小异；一度新鲜的“百货+超市”模式的也变得越来越普遍。零售企业要想在消费者的心目中占据一席之地、赢得消费者的好评、使消费者愿意光顾并实现更多的购买变得越来越困难。因此大量零售企业开始致力于差异化经营，力图凸显自身特性以吸引并留住消费者。

越来越多学者也着重强调“差异化”经营，定位理论的提出者杰克·特劳特（Jack Trout）还专门就极度竞争时代企业实现差异化的策略进行研究，提出了“差异化还是消亡”（Differentiate or Die?）的命题[1]，他们坚持认为如果企业不能实现差异化、实现与众不同，将在激烈竞争中消失。国外学者 Miller 和 Friesen 的研究中还提供了实证论据说明很多即使是追求总成本领先的企业也同样实施了差异化策略[2]。差异化已经不仅仅是百货公司或实行差异化战略的企业的专利，而是几乎所有的零售企业都或多或少地实现了与竞争对手的差异。大量零售企业往往在低成本战略的基础上实施一定程度的差异化，从而实现差异化与标准化的平衡。

而在理论界，关于差异化的作用一直存在争论，例如波特（Porter）认为差异化可以帮助企业建立起应对五种竞争力的防御手段，从而帮助企业获得超过行业平均水平的利润，获得价格溢价；还有学者认为差异化可以使产品更有需求，从而可以实现更多销售并获取更多利润[3]。但是Romaniuk和Sharp（2007）等学者的实证研究却发现顾客购买一些知名的或公认的具有独特性、差异性的品牌商品时，并不认为这些品牌有何独特性、差异性，也就是说驱使顾客购买这些品牌商品的因素不是因为该品牌与其他品牌的不同、独特，顾客并没有感知到这些品牌的差异，而是因为这些品牌的杰出的质量[4]。因此，差异化的作用特别是差异化对顾客的购买行为的影响还需要深入研究。

此外，差异化能否被顾客有效感知也是零售商需要解决的一个重要问题。例如美国零售巨头西尔斯曾经试图转变自身战略，从一家纯百货公司转变为带有更多天天平价（EDLP）性质的百货公司，其初衷原本是与其他百货店实现差异。但由于这一转变未被消费者感知到，并没有得到认可。西尔斯最后被迫在天天平价策略的基础上增加了很多额外的服务以实现差异化，终于使顾客感知到并获得成功（Gauri, Trivedi and Grewal, 2008）[5]。由于差异化需要被顾客感知到才能产生对后续变量的作用，因此零售企业顾客感知差异化的后续效果就值得深入研究。

但零售商的差异化对顾客惠顾意愿的形成到底有多大关联以及差异化如何促进惠顾意愿的形成都是未经实证研究检验的。

因此，本书尝试对上述问题进行深入探讨。

1.2 零售企业差异化的普遍性及其效果

上文中提及差异化已经成为零售企业的普遍策略，但这是否是事实以及差异化到底对零售企业的发展能起到什么作用，以往研究中却较少探讨。只有讨论清楚这一问题，本书的后续研究问题才有实际意义。

李飞教授（2007）等曾经对大型超市的差异化定位进行过研究，他认为差异化的核心是找到某一零售要素的某个具体突出的利益点，也可称为定位点。该研究结果发现成功的大型超市大多数有明确清晰的定位点，即有最为突出的差异化利益点。此外，成功与趋向成功的零售企业还具有一些非定位点的差异化特征[6]。

在研究差异化与零售企业成长关系中，需要判定差异化行为是零售企业成长提高的充分条件、必要条件还是充要条件。

基于前人的研究结果可以发现，高成长零售企业均采取了差异化策略，均具有差异化定位和经营要素，故可判定差异化是企业高速成长的必要条件。

但差异化并不必然带来高速成长，例如马莎百货是世界著名的采取差异化策略的百货企业，马莎最具代表性的差异化策略就是自有品牌的开发，其销售的 80% 的商品都是自有品牌产品，但马莎百货从 2001 年到 2008 年却发展缓慢，中间还出现了业绩下滑，因此差异化不是企业高速成长的充分条件。

高成长零售企业普遍采取差异化策略，都进行了差异化定位以及零售经营要素上的差异化。差异化经营已经成为零售业的共同导向，但各企业实施这一策略的程度及效果各有差异。从 20 世纪 90 年代初全国百货店的“千店一面”到当今全国性零售企业或区域性龙头企业的逐步涌现，差异化策略在其中起到了重要的作用。零售企业要实现高速成长必须进行差异化，但差异化并不必然带来企业的成长。零售企业要实现高速成长，差异化是必不可少的策略。没有特色、不能与竞争对手区分开的零售企业无法成为一家成功企业。但还需要注意的是：差异化策略的实施不一定能带来企业的高速成长，因为企业成长还涉及企业战略、扩张模式、资源与能力等多方面影响。

因此，差异化的确已成为成功零售企业的一个普遍策略，而且对零售企业的发展起着一定的作用。但零售企业普遍的差异化策略如何被顾客感知、顾客是否认可接受这些差异化的行为就是本书后续要重点进行研究的问题。

1.3 研究意义

本书的研究意义包括理论与实践两方面，理论意义主要体现在对现有理论的改进与完善、新知识的贡献，实践意义主要体现在对零售企业经营策略的启示。

1. 理论意义

本书的理论意义有：

（1）从零售顾客感知差异化这一较新的视角来探讨差异化与惠顾意愿、溢价支付意愿的关系，这将完善现有的差异化理论，增加顾客视角的研究有助于更全面地理解差异化理论及差异化的作用机理；

（2）本书将深入研究感知差异化对顾客惠顾意愿、溢价支付意愿的影响机理和效果，有助于对学术界一直存在的差异化效果之争提供一个新的实证论据；

（3）本书将有助于进一步审视感知差异化对惠顾意愿、溢价支付意愿中可能受到的调节变量、中介变量以及控制变量的作用，对现有理论进行进一步的补充与验证。

2. 实践意义

本书的研究结果预计能够给零售业实践带来以下几方面的意义：

（1）本书首先会探讨感知差异化对顾客惠顾意愿、溢价支付意愿的影响机理，这一结果有助于零售商更好地认识消费者的购买决策过程，帮助零售商把握其中的关键环节，以便于制定出更有效的经营策略；

（2）本书对零售企业顾客感知差异化的构成维度进行分析，并比较各维度对惠顾意愿、溢价支付意愿的影响程度。这有助于零售商识别出哪些因素是需要重点加强的、哪些因素对顾客的影响程度较大，从而采取相应的策略；

（3）本书还会对研究人口统计变量等控制变量对感知差异化的作用机理的影响，这有助于零售商更好地认识目标顾客，分析不同特征顾客的不同消费行为，以便采取相应策略更好地满足目标顾客。

1.4 研究内容与技术路线

1. 本书研究内容

本书的主要研究思路是首先对差异化及惠顾意愿、溢价支付意愿的相关理论进行梳理，特别是关注零售差异化与零售惠顾的现有研究，进一步明确其中目前存在的不足之处，更重要的是在前人研究的理论基础上构建出本书的理论模型，即零售顾客感知差异化对惠顾与支付意愿的影响机理模型。

理论模型构建后本书将开发出各构念的测量量表，进行大规模实证调研，对该理论模型进行检验，最终对结果进行分析得出相应结论。

因此，本书的研究内容可分为以下几块：

(1) 文献回顾

根据前述研究问题，本书着重对差异化的基础理论、零售企业差异化、感知差异化、惠顾意愿等领域文献进行回顾，在现有研究基础上找出本研究的切入点。

(2) 感知差异化对惠顾与支付意愿影响机理模型构建

在文献综述基础上，本书提出总体理论框架，并进一步丰富理论框架下所包含的具体变量，深入探讨变量间的关系，从而提出一系列研究假设。

(3) 量表的开发

本书遵循量表的一般开发程序，以借鉴国内外现有研究中的经过验证的成熟量表为主，辅以自行开发部分量表，以有效地对模型中的变量进行测量。

（4）数据分析与假设检验

本书采取大规模调查法获取数据，采用 SPSS 和 LISREL 软件，运用描述性统计分析、结构方程模型、回归分析等方法对数据进行分析，检验理论假设。

（5）结论总结与研究展望

根据假设检验结果可以得出本书的研究结论以及理论贡献、管理启示，并对未来的研究提出可能的方向。

2. 技术路线

本研究的技术路线可总结如图 1－1：

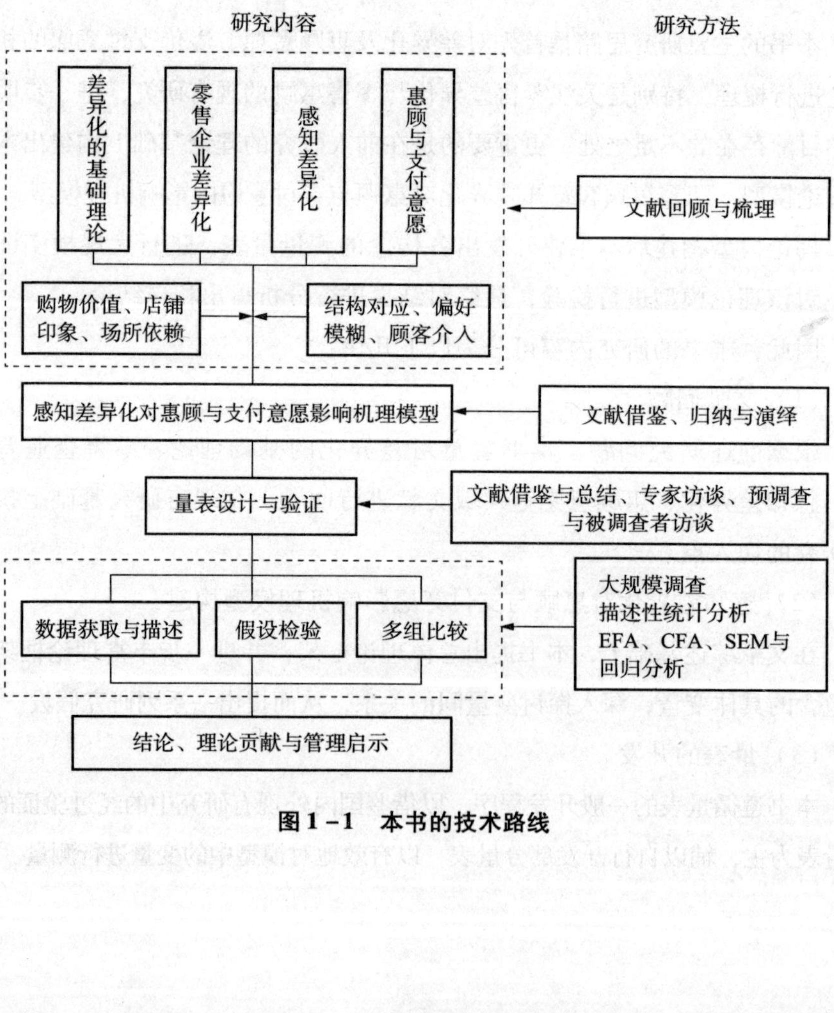

图 1－1　本书的技术路线

从图1－1可看出，本书综合运用文献回顾、归纳与演绎、大规模调查、访谈法、因子分析、结构方程与回归分析等多种方法完成前一节中所提出的研究内容，并按照文献综述、理论模型、量表开发、数据搜集与描述、假设检验、多组比较的流程，然后得出本书的结论。

第2章

以前的研究

本书涉及的以前的研究成果主要可划分为四块内容，分别为关于差异化的基础理论研究、零售企业差异化研究、感知差异化的研究、顾客惠顾与溢价支付意愿的研究。

2.1 差异化的基础理论溯源

差异化这一概念目前普遍被认为最早是由张伯伦（Chamberlin）于1933年提出的，是对新古典经济学中的完全竞争理论的推进和修改。张伯伦在《垄断竞争理论》中提出并着重阐述了产品差别化的问题，认为产品差别是造成垄断的一个决定性因素，但同时也要遭受不完全替代品的竞争，因此形成垄断竞争，从而产生一系列的非价格竞争手段。张伯伦论述了两个方面的产品差别，一方面是产品自身的某些特征所形成的差异化，例如独有的专利、商标、商号、包装，或者产品的质量、设计、颜色、风格等；另一方面是产品销售条件的差别，例如销售产品的零售商的特性[7]。这些差异导致每种产品都是独特的，因而形成了垄断，但同时它也刺激了其他竞争者的替代性发明，因而垄断与竞争是互相交替的，即形成垄断竞争市场。但张伯伦的研究重点是垄断竞争市场下价值的决定，分别探讨垄断竞争市场下的个别均衡与集团均衡，而不是研究差异化的效果和策略。

此后学术界对差异化的研究逐渐增加，特别当西方国家市场越来越发达、商品服务的种类越来越多，消费者有了越来越多选择的背景下，学术界和企业界对于差异化问题的探索也就越加深入。

关于差异化的基础理论，西方学者的研究主要侧重回答以下几个问题：①何为差异化？也就是明确差异化这一概念的内涵；②为什么要差异化以及差异化与企业绩效的关系；③如何实现差异化。

而目前学术界对差异化理论的研究主要集中在三个学科，即经济学（包括主流经济学与产业经济学）、战略管理与市场营销[8]，而在不同学科中对差异化的研究角度和研究内容存在不同，对差异化内涵的界定也就存在不同。本节中将根据前面提出的三大问题分别梳理这三个学科中对差异化理论的既有研究。

1. 差异化的定义

任何一个概念的提出，首要问题是需要对该概念进行明确的定义。差异化概念自提出以来，大量学者从不同的角度对差异化进行了定义，主要定义有以下几种：

（1）从差异化的实现方式角度的定义：从这一角度进行定义的以营销学学者为主，比较有代表性的如 Mercer（1992）的定义，他认为差异化是能使自己的产品或服务明确地、公认地区别于竞争者的实用的定位，差异化主要依靠除价格以外的其他因素去应对竞争[9]；Dickson（1997）认为产品差异化是使产品在一个及以上基本绩效或形象特征与竞争者区别开来的行为[10]。

（2）从新古典经济学的角度的定义：新古典经济学强调需求与价格的分析，因此学者基于新古典经济学视角下对差异化的定义就如：差异化是一个供应商改变其在市场上提供的商品的需求曲线的斜率的一种尝试（Smith，1956）。

（3）从顾客感知角度对差异化的定义：差异化只有在得到顾客的感知及反应后才能实现，因此很多战略、营销管理的学者也从这一角度进行定义，如差异化是一个企业或品牌通过提供一个或一些特色而胜过竞争品牌，使得顾客降低对其他特征的敏感性（Byron and John，2001）。

（4）战略角度的差异化的定义：Porter（1980）提出了差异化战略这一基本战略，他将差异化战略定义为“将公司提供的产品或服务差异化，形成一些在全产业范围中具有独特性的东西……此时成本不是公司的首要战略目标”[11]。Guiltinan 和 Paul（1991）将差异化定义为“这是一种通过提供独特的价值从而避免白热化的竞争（head - to - head competition）的战略选择”。[12]

上述不同角度的定义尽管显得纷繁复杂，但也有助于从多个角度更为全面地理解差异化的含义。从以上定义中，至少可以总结出差异化的内涵的几个要点：一是差异化是企业使自身品牌、产品、服务与竞争对手明确区分开的一系列行为，二是差异化是一种竞争策略或竞争战略，主要通过价格以外的因素的差别来进行竞争，同时降低顾客对其他因素（如价格）的敏感性。而这种敏感性的降低正体现为需求曲线斜率的增加，需求曲线变陡从而使该商品的需求弹性变小。

2. 差异化的动因及其与绩效的关系

(1) 差异化的动因的研究

关于企业实施差异化的动因的研究，最早的萌芽见于 Bertrand 模型。Bertrand 模型是对古诺模型的一个修正，古诺模型中假定产品是同质的，而且企业进行产量竞争。假如企业进行价格竞争时，则该情形即为 Bertrand 模型。假定市场上只有两家企业 1 和 2 通过选择价格来使其利润最大化。

如果竞争对手企业 2 不改变其价格，那么企业 1 可以通过降低其产品价格来争取企业 2 的顾客。在同质化产品的情况下，产品间具有完全替代性，一家企业的价格比竞争对手低，就能占领全部市场。按此方式，企业 2 也可以通过进一步降价来夺取企业 1 的市场，这一过程一直持续到价格下降到使利润为零的水平为止，此时的均衡价格等于边际成本。这时任何企业都没有动力进一步降价，因为无法获利。这一均衡即为伯川德均衡[13]。

这便产生了伯川德悖论，双寡头市场的均衡居然与完全竞争市场均衡一样，价格等于边际成本，利润为零。这显然与现实不符。

解开伯川德悖论的办法之一是引入产品的差异性[14]。当市场上只存在两家企业 1 和 2 时，二者的价格分别为 p_1 和 p_2，但由于产品差别化的存在，因此引入饱利反线性需求函数：

$$p_1 = a - b\ (q_1 + \theta q_2),\ p_2 = a - b\ (\theta q_1 + q_2)$$

由此可推导出饱利线性需求函数：

$$q_1 = \frac{(1-\theta)\ a - p_1 + \theta p_2}{(1-\theta^2)\ b},\ q_2 = \frac{(1-\theta)\ a - p_2 + \theta p_1}{(1-\theta^2)\ b}$$

其中，a、b 为正，$0 \leqslant \theta \leqslant 1$，$a > c$，为两家企业的可替代系数。假设两家无固定成本，$c$ 为两企业相同的不变边际成本，两企业同时决策。

因此两企业的利润函数分别为：

$$\pi_1 = (p_1 - c)\ \frac{(1-\theta)\ (a-c)\ -\ (p_1 - c)\ + \theta\ (p_2 - c)}{(1-\theta^2)\ b}$$

$$\pi_2 = (p_2 - c)\ \frac{(1-\theta)\ (a-c)\ -\ (p_2 - c)\ + \theta\ (p_1 - c)}{(1-\theta^2)\ b}$$

对利润函数求偏导可得两家企业的反应函数，使利润最大化的一阶条件为：

$$2\ (p_1 - c)\ - \theta\ (p_2 - c)\ =\ (1-\theta)\ (a-c)\ - \theta\ (p_1 - c)\ +$$

$$2\ (p_2 - c)\ =\ (1-\theta)\ (a-c)$$

联立解上述两个方程，即得到纳什均衡解：

$$p_1 = p_2 = c + \frac{1-\theta}{2-\theta}\ (a-c)$$

由于当产品存在差异时，企业 1 和 2 之间无法完全替代，因此 $0 < \theta < 1$，所以价格明显高于同质化产品时的价格，此时企业可以向顾客收取更高的价格。

由此也容易计算出利润 $\pi > 0$，也超出了同质化产品时的零利润。因此差异化产品下的伯川德模型中的企业可以获得更大的利润，也说明差异化是内生的，企业具有追求产品差异最大化的内在冲动。企业通过主动实施差异化战略，可以弱化价格竞争，获取垄断利润和更强的市场力量[15]。

Caves 和 Williamson（1985）[16]在前人研究的基础上提出了两种关于为什么要实施差异化的经济学理论解释。第一种解释是由在 Rosen 和 Lancaster的研究基础上发展出来的，称之为产品属性模型（Product Attribute Model）。该理论认为由于品牌是由一系列不同的属性特征所构成的，因此造成品牌的异质性。同时消费者由于其偏好的差异，他们对于不同的属性特征束所带来的利益评价也存在差异，因此差异化是必要的。相对价格决定了消费者在厂商提供的各种利益束中最终选择哪一种。

另一种经济学解释是基于信息与交易成本的角度，在Nelson和Porter等人的研究基础上提出的。由于购买者在选择最佳的品牌时受到信息获取成本以及有限理性的限制，所以购买者信息搜寻的一个均衡条件会是：投资于信息获取所带来的期望边际利益等于信息搜寻的边际成本。而购买者的信息来源可能有多种，如广告、朋友建议、亲身体验等，但每种信息来源的准确性和成本都不一样，所以消费者往往会选择各种来源的信息组合而不是单一来源的信息。由于每个购买者的信息集都是不完全的，并且几乎任意两个购买者信息集都不一样，因此即使所有购买者对同一品牌商品的属性特征的偏好都一样，但在不同信息集的条件下他们依然会坐不同的偏好选择。

（2）差异化与企业利润

如前面产品差异下的Bertrand模型的结论所示，关于差异化动因的一个理论假说是差异化可以给企业带来超额的利润，但对于这一假说是否成立学者们一直存在分歧，同时西方学者还致力于解释差异化为什么和超额利润之间存在正相关关系，在这一领域进行了大量的研究。关于差异化与超额利润的关联的理论解释，现有研究主要有两大类说法：

一类研究认为差异化通过降低顾客对价格的敏感性从而获得超额利润。在经济学中，对这一观点的基本解释是，差异化由于使顾客对该品牌（产品或服务）产生了偏好，因而降低了对价格的敏感性，这就使该企业面临着一条更为陡峭的需求曲线，需求价格弹性较小，因此当该品牌（产品或服务）提价时，企业所获得的总收益增加，如图2-1所示：

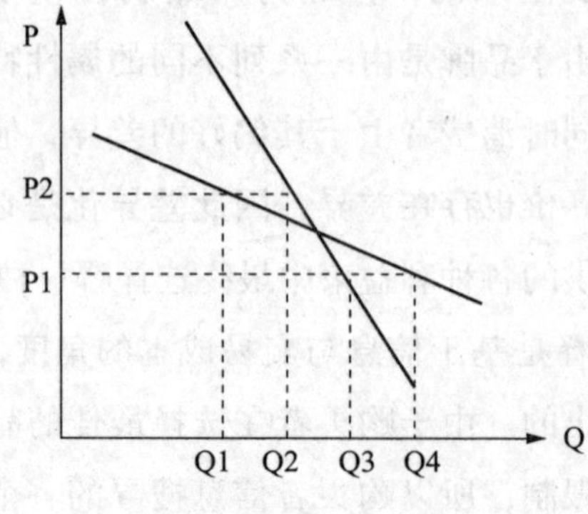

图 2－1　差异化下需求曲线斜率的变化

在此基础上，Sharp 等认为差异化不仅仅是针对对价格敏感的消费者，企业通过差异化也可以降低消费者对价格以外其他因素的敏感性，从而获得超额利润，只要消费者认为厂商提供的差异化特性有价值。同时他还认为差异化仅仅是企业获得超额利润的必要条件而不是充分条件，因为差异化可能会限制企业的市场份额，另外当企业所选择的差异的特性没有花足够的力量或代价去提供并传递时，企业将很难获得利益；与此相似，如果企业擅长于向顾客传递某一差异化特性，但该企业在特性上与竞争者相比却没有足够的优势，也同样不能获得利益。

另一类则认为差异化是通过减少直接的竞争从而获得价格溢价。最具代表性的是迈克尔·波特（Michael E. Porter）的理论，差异化战略能建立起对付五种竞争力的防御地位，利用客户对品牌的忠诚使得公司得以避开竞争，在产业中赢得超常收益，客户的忠诚以及竞争对手要战胜这种独特性所需付出的努力就构成了进入壁垒。

除此之外，目前对差异化与超额利润之间的关系的其他理论解释还有，如：

①差异化使产品更有需求，因此能够实现更多销售并获取更多利润；

②差异化使产品变得独一无二，因此价格比较变得困难，因此可以收取一个较高的价格；

③差异化使提供的产品变得独特并具有高价值，因此需求将超过供给

所以可以收取较高的价格；

④差异化能引起品牌忠诚，因此营销成本降低，因为对已有顾客的营销成本更低[8]。

（3）差异化对企业绩效的作用机理

学者们对差异化在企业绩效的形成过程中到底起了何种作用、如何其作用进行了大量的研究。

Pelham（1997）研究了产品差异化和顾客差异化对市场导向与绩效的调节作用，是将产品差异化与顾客差异化作为一种产业的复杂性特征对市场导向与绩效产生调节作用[17]。Pelham 根据 Sheth 提出的竞争结构下的四种不同类型市场的理论模型，对不同类型市场下市场导向与企业绩效间的关系进行了研究。该模型按照产品差异化和顾客差异化两个维度进行划分，形成如下矩阵：

产品差异化 \ 顾客差异化	低	高
高	差异化市场 驱动力量：研发上的成功 竞争密集性：中等 复杂性：高 动荡性：高 市场导向：中等重要、中等流行	碎片状市场 驱动力量：完全的专业化 竞争密集性：低 复杂性：最高 动荡性：高 市场导向：很重要、很流行
低	大众化市场 驱动力量：规模经济 竞争密集性：最高 复杂性：最低 动荡性：低 市场导向：不太重要、稀少	细分化市场 驱动力量：应用基础上的定制化 竞争密集性：中等 复杂性：中等 动荡性：低 市场导向：中等重要、更流行

图 2－2　顾客与产品差异化下的市场划分

通过实证研究，Pelham 发现顾客差异化与产品差异化对市场导向与企业绩效的调节作用并不明显。其后该研究中分析了上图中四种不同市场下市场导向与企业绩效之间的偏相关关系，研究结果认为市场导向与绩效在差异化市场下的关联程度最强，这可能是由于在差异化市场下的不确定性、复杂性和快速变化的条件，这样的困难迫使这些企业更强调去营造、坚持一个市场导向的文化。

此外，细分化市场下市场导向与企业有效性（相对产品质量、新产品成功、顾客导向）之间的关系比在大众化市场上的更强。原因在于：①由于在细分化市场下，理解和满足不同顾客的需求以及通过与领导顾客建立合作关系变得困难，导致在企业有效性上取得大的成功也变得困难，所以需要更强的市场导向；②在细分化市场存在大量小企业，与大企业相比，这些小企业可以通过更高水平的市场导向而获得超越那些强调低价格的大企业的竞争优势。大企业拥有大量的资源来运作满足顾客独特需求的各种不同产品，而小企业必须依赖市场导向的文化以实现多样化的顾客群体的满意。

Zhou 和 Brown（2009）等的研究中将差异化作为企业的一种竞争优势，并认为差异化竞争优势在市场导向与企业绩效中起着中介作用[18]。该研究采用了 Miller 对差异化所带来的竞争优势的观点，将差异化所带来的竞争优势划分为创新差异化和市场差异化。创新差异化是当企业创造“在质量、效率、设计创新和风格上占领导地位的最新潮和有吸引力的产品”时所获得的竞争优势，而市场差异化是通过企业创造一个独特的市场印象并且通过满足顾客的特别需要而实现顾客忠诚时所获得的竞争优势。该研究中以服务业中的酒店行业为对象进行实证研究，比较在顾客导向与竞争者导向如何对市场和创新优势产生不同影响，进而影响企业绩效。研究结果发现，当服务性企业采取顾客导向时，则更能建立起基于创新差异化和市场差异化的竞争优势，顾客导向对竞争优势具有明显的积极作用；而竞争者导向则对市场差异化起着消极作用，对创新差异化的优势则无显著效果。此外，创新差异化和市场差异化将使企业获得更佳的市场绩效，进而通过市场绩效最终提高企业的财务绩效，创新与市场优势对财务绩效并没有直接的显著影响。

Das 和 Joshi（2007）研究了差异化战略对流程创新的影响效果，认为差异化战略与流程创新之间存在正相关关系，而运作自主性又对这二者的关系起着调节作用，也就是运作自主性可以增强差异化战略与流程创新之间的关系。但风险承担偏好却对差异化战略与流程创新无显著调节作用，但在高运作自主性的情况下，风险承担偏好起着积极的调节作用。通过事后分析（Post hoc Analysis）发现流程创新与企业绩效之间也存在正相关关系，因此差异化战略通过流程创新进而影响企业绩效[19]。

Finney 和 Campbell（2005）从战略管理中的资源观角度研究了企业战略、资源管理能力对企业持续竞争优势及绩效的影响。研究认为强调低成本战略的企业会更重视有效获取资源的能力以及维持和保护资源的能力，而强调差异化战略的企业会更重视资源整合能力以及定位。但实证研究证明，强调差异化、并关注资源整合或定位的确能提升企业财务绩效，同样强调低成本战略并关注资源获取以及维持保护资源也可提高预期财务绩效。但该研究也同时显示，企业战略、资源管理对企业绩效的解释作用并不强，还存在其他重要的因素在影响企业财务绩效[20]。

3. 差异化的实现

差异化的实现方式是营销学者最为关注的问题之一，Reeves（1961）提出的“独特销售主张（Unique Selling Proposition，USP）”可以被认为是较早对实现差异化的策略的探讨。Reeves 提出的独特销售主张主要是针对广告促销的基本原则，他认为：①每则广告都必须向消费者做出一个销售主张，每则广告必须向受众阐明购买这种产品所能享受到的特定的益处；②该主张必须是竞争对手无法提供或者没有提供的，必须是独一无二的——要么是其品牌的某种独特性，要么是没有以其他方式在那个特定的广告宣传领域做出过的声明；③这种主张还必须非常强烈，能把大量顾客吸引到产品面前来[21]。

Trout 在“独特销售主张”的基础上提出了定位理论，定位理论认为企业需要给自己的产品或服务在未来潜在顾客的脑海中确定一个独特的位置[22]。定位理论本质上也是一种差异化策略，即在顾客心目中占据一个与其他竞争者不同的位置。

Trout 和 Rivkin（2000）在《与众不同——极度竞争时代的生存》（Differentiate or Die：Survival in Our Era of Killer Competition）一书中进一步阐述了企业实现差异化可采取的策略。在大量案例的基础上，Trout 等提出了实现差异化的步骤，其认为实现差异化应有以下四个步骤：①寻找相关语境下有意义的差异化的信息，在分析清楚竞争者的特性及整个市场情形的基础上寻找可能的论据；②寻找区分创意；③提供能支持自己区分创意的真凭实据；④传播差异性。同样在案例总结与分析的基础上，Trout 等详细阐述了实现差异化可供选择的创意类型，包括致力于成为第一、拥有特性、争取领导地位、利用文化传统、拥有市场专长、建立消费者偏好、独特的产品制作方式、成为最新、制造热门等策略[1]。

Kotler 也阐述了实现差异化的方式，他认为一个品牌在定位中首选需要确定其相同点和差异点，在一个特别的属性或利益上取得相同点，使相当一部分消费者相信品牌在一定意义上“足够好”。然而在差异点上，一个品牌必须清楚地证明它的优势，定位应该定在差异点上。科特勒进一步阐述企业差异化战略的实施策略，即从产品差异化、人员差异化、渠道差异化、形象差异化等不同角度来实现差异化。在产品差异化中，还需要综合运用产品本身差异化、设计差异化以及服务差异化等手段[23]。

MacMillan 和 McGrath（1997）研究了实现差异化的新基点，该研究认为差异化并不是依靠天才和直觉，而是一种可培养和发展的技能，并从消费链的角度来探讨实现差异化的切入点，所谓消费链即指顾客对产品或服务的整体体验，企业实施差异化的新切入点也就可以从描绘与计划消费链以及分析顾客经历入手。

描绘与计划消费链首先要进行顾客细分，整合公司的所有部门，特别是使用营销数据和那些与顾客进行面对面访谈或电话联系的雇员，要求这些部门识别出顾客从首次开始关注公司的产品或服务到他们最终决定清除或不再继续使用这一过程中的所有步骤。然后再思考以下一系列问题，从中寻找差异化的切入点，这些问题包括：①消费者如何开始察觉到他们对你的产品或服务的需要。如何能够通过一种独特的、易辩的方式使消费者注意到他们的需要，将给公司创造有力的差异化的来源；②消费者如找到你的提供品。通过设计消费者的搜寻过程也是一个差异化的机会，包括使产品或服务比其它企业更易获得、在竞争者不进入的渠道提供自己的商品以及使产品或服务无处不在。因此通过更简单、更便利、成本更低以及更惯常的搜寻流程也能使企业实现差异化；③消费者如何做出最终选择。企业使消费者的选择过程更舒服、不令人生气以及更方便也是一种差异化的方式；④消费者如何订购产品和服务。如果企业能使订购过程更便利也可以实现差异化，特别对于成本低、销量大的产品项目；⑤产品或服务如何传递。对于冲动性购买以及消费者即时需要的商品或服务，有效、快捷的投递可以帮助企业实现差异化；⑥产品或服务送达后的处理如何进行以及产品如何安装。产品或服务投递后，消费者真正开始使用时所发生的情况往往是被企业忽略的差异化的机会，关注顾客在接收到产品时的开封、检查、运输以及组装等问题也有助于差异化；⑦产品或服务如何支付、产品如何储存于移动也同样是差异化中需要考虑的问题；⑧考虑能否帮助消费者找到更好的使用方式以及消费者使用产品时是否需要帮助；⑨采取怎样的退换货政策以及产品如何修理与保养也可以实现差异化，例如诺德斯特龙（Nordstrom）的独特的退换货政策，即使不是在该店购买的商品也可以在该店退货；⑩当公司的产品被废弃或不再被使用该如何处理。该研究提出通过有效的回收系统以及再制造可以实现差异化[24]。

2.2 零售企业差异化的相关研究

1. 零售企业差异化动因的理论解释

关于零售企业差异化的研究，早在张伯伦的《垄断竞争理论》一书中就有提及。张伯伦在阐述销售条件的差异时，便以零售业为例，列举出零售商差异化的条件，包括销售者区位的便利性、商店的一般风格和特点、经营模式、公平交易的信誉、礼貌、效率以及销售者及其雇员与顾客的个人联系等。这些及其他的无形因素因销售者不同而各异，所以导致差异化[7]。

而豪泰林（Hotelling）模型则是最早涉及研究零售商差异化的模型。Hotelling模型可用于研究零售商的空间差异化（Spatial Differentiation）问题，是由豪泰林教授于1929年提出的[25]。该模型假定产品在物质性能上是相同的，但在空间位置上有差异，假定有一个长度为1的线性城市，消费者均匀地分布在［0，1］区间内，假定有两个商店，分别位于城市的两端，商店1在 $x=0$，商店2在 $x=1$。每个商店提供单位产品的成本为 c，消费者购买商品的旅行成本与离商店的距离成比例，单位距离成本为 t。如果住在 x 的消费者在两个商店之间购买是无差异的，那么所有住在 x 左边的都将在商店1购买，住在 x 右边的将在商店2购买，需求分别为 $D_1=x$，$D_2=1-x$，此时 x 满足：

$$p_1+tx=p_2+t(1-x)$$

解上式得需求函数分别为：

$$D_1(p_1, p_2) = x = \frac{p_2 - p_1 + t}{2t},\ D_2(p_1, p_2) = 1 - x = \frac{p_1 - p_2 + t}{2t}$$

利润函数分别为：

$$\pi_1 = (p_1 - c)\ D_1(p_1, p_2) = \frac{1}{2t}(p_1 - c)(p_2 - p_1 + t)$$

$$\pi_2 = \frac{1}{2t}(p_2 - c)(p_1 - p_2 + t)$$

商店 i 选择自己的价格 p_i 最大化利润 π_i，则两个一阶条件分别是：

$$\frac{\partial \pi_1}{\partial p_1} = p_2 + c + t - 2p_1 = 0$$

$$\frac{\partial \pi_2}{\partial p_2} = p_1 + c + t - 2p_2 = 0$$

解上述两个一阶条件，得最优解为：$p_1^* = p_2^* = c + t$

每个企业的均衡利润为：$\pi_1 = \pi_2 = \frac{t}{2}$

从该模型可看出消费者由于位置的差异从而产生旅行成本，若旅行成本越高，产品差异越大，均衡价格以及均衡利润也就越高。这个模型也就说明，由于空间差异的存在导致不同商店之间的替代性下降，因此商店间的竞争程度降低，消费者对价格的敏感度下降，因此零售商可以收取更高的价格。

马龙龙（2006）从战略角度论述了流通产业差异化竞争的原因，提出：①差异化战略是解决伯川德悖论最有效的方法，因为差异化能降低价格竞争的压力，获得更多收益；②消费者需求的个性化、差异化导致流通产业实现差异化竞争。由于大众化市场因重组、分化而呈现出差异化、个性化的特征，流通业作为服务型行业必须满足差异化的消费者需求；③差异化有利于流通企业创建顾客忠诚。根据尼尔森的调研发现中国消费者忠诚度相对不高，通过差异化竞争细分目标市场、明确定位，有助于培养消费者的忠诚度；④差异化竞争能够形成市场进入障碍。流通企业由于产品或服务的特色使顾客对该产品具有较高的忠诚度，或者通过信息化技术应用提高产业技术含量，可使流通产业形成强有力的进入障碍[26]。

2. 零售企业差异化战略的研究

Morschett 和 Swoboda（2006）通过大规模实证调查研究来验证波特所提出的基本战略及竞争优势分析框架在零售业中的适用性，包括研究成本领先战略和差异化战略及相应优势在零售商中恰当与否，特别是差异化在零售业中有多种实现方式，而波特差异化战略显得过于笼统。通过对零售企业的管理者和顾客两方面的调查，该研究认为波特所提出的成本领先与差异化战略的分析框架在零售业中并不能完全适用，并进而提出零售企业竞争优势的三大基本维度，包括成本/价格领先、质量领先（不仅指产品，还包括全部综合性的零售过程的质量，如服务等）以及便利。该研究还指出，质量领先和价格领先并不是相互矛盾的，而是可以在不冲突的情况下都能同时实现[27]。

Willard 和 Neil（2004）着重从定位角度探讨了零售商的差异化战略，提出零售企业要在市场上持续经营，必须实现某一方面的差异化，进行差异化定位并做到最好，提出了“EST 模型”。具体见下图：

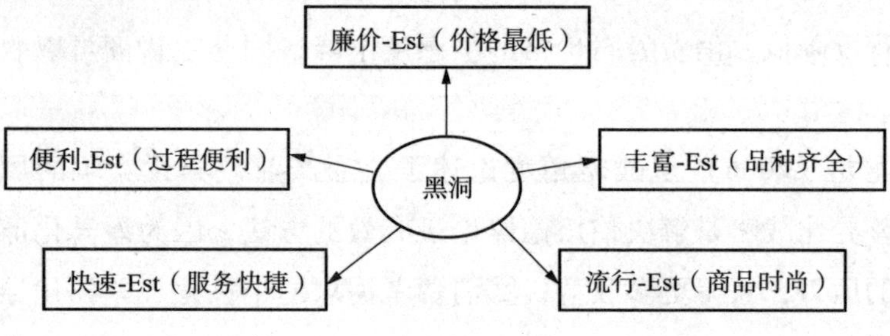

图 2－3　EST 模型

EST 理论认为，零售商必须在图 2－3 中所列出的五个关键领域之一做到最佳，也就是 Est 水平，而在其他方面则需要达到及格水平和平均水平。Est 水平是零售企业在市场上胜出的条件，是消费者选择它的主要因素；而与此同时其他因素不能低于及格水平，因为及格水平是消费者能够接受的最低限度，一旦某一方面跌落到及格水平以下，其他方面做得再好也不能得到消费者的认可。

与此类似的是，李飞、王高等（2006）也着重提出零售企业要实现差异化战略就需要进行有效的定位，找到其突出的定位点。该研究认为很多零售企业未能有效实现差异化，定位的简单随意是一个重要原因。作为零售企业需要关注顾客偏好的和企业自身具有比较优势的营销组合要素，并要具体甄别出该要素的哪一个利益点作为企业差异化的核心，这一核心即为定位点。该研究针对中国成功零售企业的定位点进行实证研究，发现成功零售企业均具有明确的定位点，并且一般拥有一个主要定位点、一个次好定位点，商品、服务、价格、购物环境可以成为成功零售企业定位点的选择要素，同一零售业态的成功企业可以有不同定位点，而同时成功零售企业的非定位点 70% 高于行业平均水平[28]。

3. 零售组合角度下差异化策略的研究

零售企业差异化的实施策略是学者及企业界所共同关注的问题，因而在这一领域的研究相对较多，主要的研究主要集中在零售品牌的差异化、商品差异化、服务差异化等领域，同时在店铺环境与氛围等其他方面也有少量的研究。

（1）零售品牌与商品差异化的研究

Whale（2001）探讨了零售商品牌差异化的必要性及实现方式，认为零售企业要实现品牌差异化并在拥挤的市场中竞争，需要做到：①确定明确的品牌定位和战略；②与员工进行沟通，使他们能与战略形成一致的认识，并把激励计划支持和保护品牌体验与之结合起来；③与顾客建立良好的关系，并定制和创新所提供的商品和服务，从而增强自主品牌的国际化体验进而获得零售品牌的溢价[29]。

Collins－Dodd 和 Lindley（2003）研究了自有品牌对商店品牌和零售差异化的影响，认为自有品牌如果被消费者与商店形象一起感觉到是独特的，那么将为零售差异化提供一个很重要的机会。通过调查与回归分析证明了消费者对自有品牌的感知和其对商店形象的态度之间有很强的正相关关系，并验证了自有品牌作为商店形象的一个部分，对消费者感觉到的商场差异化有贡献作用[30]。

徐从才（2006）总结了流通企业的产品差异化的内涵，认为流通领域的产品差别化是指流通企业通过对供应链的引导，在所提供的产品（服务）实体的要素或各条件上形成和增加诱使消费者购买的特殊产品（服务），以使消费者将它与其他企业提供的同类产品区别开来。同时，该研究还提出产品差异化的形成因素，包括：①供应链提供的差异化产品，如产品质量与品牌、性能、品种等；②商业在附加产品上的差异化，如服务、包装等；③商业销售过程的产异化，如商品展示等；④商业销售地点的差异化，如区位、交通条件等；⑤商业广告的差异化，如宣传方式、媒体使用等。从其内涵可看出，这里所说的产品差异化实际上是广义的产品差异化，不仅仅包括核心产品本身，还包括形势产品、附加产品以及产品销售条件等[31]。

S. Chan Choi 和 Anne（2006）研究了自有品牌商品如何与全国性品牌进行竞争。他们认为自有品牌商品与全国性品牌进行差异的关键在于产品质量和产品特征，自有品牌最佳定位策略取决于全国性品牌的竞争特征和它自己的质量。如果全国性品牌实施差异化，则高质量的自有品牌就应该定位更接近于强势的全国性品牌，低质量自有品牌商品则反之；如果全国性品牌商品不实行差异化，那自有品牌就应该实行差异化以区别于全国性品牌[32]。

Ellickson（2006）研究了垂直产品差异化下零售市场的均衡结构，解释了为何在零售市场快速增长的情况下，依然保持了寡头垄断的市场结构，而不像很多其他市场迅速分解。该研究基于 Sutton 的研究基础上探讨大型超级市场和杂货店之间的竞争，Sutton 认为大型超市由于通过在其所有店铺中都提供品种繁多的商品来进行竞争，因此需要在物流配送系统上进行大量的投资从而导致很高的固定成本，而要服务于更大的市场份额则需要更多的店铺，从而导致更高的固定成本的投资。由于产品的多样性是一种纯粹的垂直差异化，因此那些不能实现与竞争对手相匹敌的质量、品种提升的企业将无法在市场上生存。当市场增长时，这些企业要持续经营将带来更高的成本，而成本的提升将降低其他企业进入的意愿，因此无论大市场还是小市场都大体上由几乎差不多少量的高质量的连锁店来经营[33]。而Ellickson的研究则在此基础上进一步提出，除了这些高质量的超市通过增加固定成本投资而保持原有市场，同时小的杂货店服务于那些对质量不太关注的顾客。但理解为何零售市场为何还是由一些寡头主导的关键还是在于垂直产品差异化，也即在物流配送系统上的高投资从而带来更宽泛的产品选择范围[34]。

Cavero 和 Cebollada（1998）等研究了商品在感知质量与店铺提供的服务两方面差异化情况下的价格形成，该研究认为品牌间的质量差异与服务间的质量差异类似时，不同质量的品牌间的竞争力会小于店铺之间的竞争力，因此不同店铺间的结构与位置将对相似质量下的品牌价格均等化起着关键作用[35]。

（2）服务差异化的研究

关于零售服务差异化的现有研究中，一块很重要的内容是关于服务创新从而实现服务差异化的研究。Martin（1996）的研究中就提出无形的服务已经取代有形的产品成为零售企业差异化的最前沿的领域，因此他重点研究了服务创新如何进行才能使零售企业更为成功，重点比较了成功服务创新企业与不成功企业间的差异，经过研究提出这两类企业间的服务创新中的差异主要体现在：①直接与顾客打交道和不与顾客打交道的人员的投入程度；②高层次管理的投入；③顾客直接参与的投入；④在服务开发过程中前台和后台人员对顾客信息的使用程度[36]。此外，Padgett 和 Mulvey（2007）研究了如何利用新的突破性技术来实现服务差异化，提出可以通过对现有服务增加更多的价值从而作为一种服务差异化的手段，认为破坏性技术能在现有的服务市场上给企业和顾客带来新的机会，并建议：①引进一些显著的新技术，通过提供新的服务互动来增加新的定位手段；②新技术必须与顾客价值系统连接起来才能发挥更大作用；③企业通过顾客价值来发挥技术的杠杆作用能使自己胜过竞争者[37]。

Theodoras（2006）[38]研究了零售企业在经营不同产品类别时所需要提供的差异性的服务，提出制造商对零售商应该对各种不同品类提供差异性的基本服务，同时也要在一些基本服务项目上提供不同水平、不同层次的服务。该研究以食品零售市场中的常温和冷冻食品为例，分析了食品制造商提供给食品零售商的39个服务要素在这两类商品中的不同分布，并通过对大量超市的调查判断这些服务要素的不同重要程度。

Homburg和Hoyer（2002）等认为追求服务导向型的业务战略是零售商在越来越激烈的市场上竞争的主导方式，此前Wortzel（1987）等的研究也提出了这一观点[39]，因此Homburg等重点研究了零售商业务战略中服务导向的维度、前因与后果。研究结果认为业务战略中的服务导向包括三个维度，即提供的服务数量、服务的宽度以及对服务的强调程度。影响服务导向的前因变量主要包括：①环境特征，如当地市场的竞争密集程度、当地零售商的创新程度；②店铺特征，如顾客导向、商品的相对质量水平、商品的可选择范围、全职与兼职雇员的数量；③顾客特征，如价格敏感性以及购物中的时间压力等。而服务导向的结果主要包括两方面，即公司的市场绩效和公司的盈利能力[40]。

（3）空间与环境差异化的研究

Netz和Taylor（2002）通过空间自相关和空间自回归等方法研究发现，市场竞争变量和空间差异的程度具有很强的相关关系，并以加油站为例进行分析，得出了当竞争加剧时加油站更倾向于实现空间差异的结论[41]。

Mejia和Benjamin（2002）分析了空间因素与非空间因素在购物中心差异化中的作用，研究认为当购物中心数量和种类越来越多的背景下，购物中心在空间上的优势如市场优势、规模优势及建筑物优势等将被削弱，而非空间因素则不同，它们依然能够使购物中心形成差异，如果购物中心都能各自与竞争对手形成差异化，相互之间变成互补关系而不是替代关系，则更可能会取得经营上的成功。这样的差异化就需要通过独特的主力店的店铺印象和非主力店的组合与配合来实现[42]。

Doyle 和 Broadbridge（1999）提出零售企业在实行差异化和重新定位时应该注重设计因素的差异化，认为设计因素有利于顾客满意和顾客感知的形成。这些设计因素包括前台设计、橱窗陈列、店内环境、无障碍设施等[43]。

（4）其他差异化策略的研究

Sinha 和 Uniyal（2005）研究了不同细分市场下的购物者行为，研究发现这些细分市场很大程度上是被零售商场所销售的商品类型及商场业态所区分开，当市场形势是制造商品牌在商品市场上占据主要地位时，零售商应该通过零售业态设计来实现差异化进而增加价值，并根据企业利益来影响购物者的购买行为[44]。

4. 零售企业差异化与后续效果的研究

Voss 和 Seiders（2003）将零售企业差异化作为一种企业的特征，进而研究其对价格促销策略的影响，该研究提出如果零售企业实施差异化，那其价格变动程度将会降低、价格促销广告的数量将会减少，此外假如该零售商提供价格折扣，那其平均价格折扣幅度将会提高，原因在于由于差异化的零售商成本更高，因此会采用更引人注目的但是不频繁的促销活动来增加客流、销售量并且保护店铺形象和价格可信度。但随后的实证研究结果显示，零售企业的差异化与其价格促销策略无显著相关关系，一种解释是追求差异化的零售企业比追求成本领先的零售企业在执行价格促销策略时可能更容易受到伤害[45]。

Fahy（2006）研究了网络零售与传统零售业态之间在产品差异化情况下的企业所获得的优势与盈利，认为由于网络零售由于消除了地理位置差异化的因素，因此网络零售商的产品如果不能充分地并有重要的独特性，那它将面临比传统零售商更激烈的竞争。该研究还提出如果产品能够有足够的差异化并且消费者在乎这些差异，那旅行成本将不再能够限制消费者的购买决策，传统零售商也将不可能拥有超过网络零售商的优势[46]。

Souitaris 和 Balabanis（2007）研究了在线零售商差异化战略与细分化

战略交互下对顾客满意及顾客忠诚的影响，根据细分化的思路，该研究将顾客划分为目标导向与体验型两类，分别探讨差异化对不同类别顾客的满意与忠诚的影响。研究结果显示：基于定制化、产品组合以及网页设计等方面的差异化针对体验型顾客的满意与忠诚的形成更有效，而基于顾客关怀、便利以及货币价值方面的差异化则对目标导向顾客的满意与忠诚的形成更有效[47]。

2.3 感知差异化的相关研究

所谓感知差异化（Perceived Differentiation），消费者对零售企业差异化行为的主观感知、主观评价（Chaudhuri and Ligas，2007），是零售企业差异化的个人层面的反映[48]。目前国内外关于感知差异化的研究文献较少，仅有的几篇文献各自从不同角度对感知差异化进行了探讨。

在之前大量关于差异化的研究文献中，并没有专门针对感知差异化进行深入探讨，而是在研究其他问题时提及感知差异化，或者文献本身是从顾客角度探讨差异化，但并没有提及感知差异化的概念。仅有的如 Fahy 的研究提到了顾客感知差异化的重要性，他认为顾客感知差异化是零售商盈利的基础之一，如果潜在顾客能够确信产品间的差异更大且比实际的更为重要，那企业将因此获利。

针对感知差异化的专门的研究最早见于 Chun 和 Davis（2006）的研究，该研究关注与企业特征对顾客及员工两方面利益相关者的感知差异化的影响，提出合适性（Agreeableness）、进取性（Enterprise）、竞争性（Competence）、高雅性（Chic）、无情性（Ruthlessness）五大企业特征存在潜在的对感知差异化的影响。通过对两家零售行业的领军企业的实证调查研究，发现企业的进取性、竞争性、无情性对顾客的感知差异化无显著影响，高雅性和合适性则对顾客的感知差异化存在显著的正向影响[49]。

Romaniuk 和 Sharp（2007）等研究了品牌感知差异化的重要性问题，该研究着手验证差异化是否具有品牌战略的中心地位这样的重要性。通过在两个不同国家对大量消费者就多个品类产品的感知差异化实证调查，发现消费者对同一品类内的各个竞争品牌的感知差异化水平非常低，消费者并没有明显感觉到各品牌间的差异。尽管感知差异化水平低，顾客却依然购买这些品牌的商品。因此作者对感知差异化及有价值的差异化在品牌战略中的重要性产生了质疑，并提出品牌战略的重点应该在于杰出性或突出性（Distinctiveness）[4]。

此外，Allard 和 Babin（2009）等的研究中将感知差异化作为感知购物价值与顾客情绪间的一个中介变量进行研究，探讨顾客对购物中心的享乐性与功用性导向的评价的形成机理，并分析感知差异化在其中的作用机理[50]。前述提到的 Chaudhuri 和 Ligas 的研究中则将感知差异化作为顾客商品价值与店铺情感之间的调节变量进行研究，但实证研究并未支持这一假设。

2.4 惠顾与支付意愿的相关研究

1. 惠顾意愿的相关研究

惠顾意愿（Patronage Intention）的概念与零售惠顾（Retail Patronage）是相互联系的概念，零售惠顾即指零售企业的顾客的惠顾行为，关于顾客惠顾的内涵 Pan 和 Zinkhan（2006）认为包括两个方面，一是顾客对店铺的选择，即顾客选择光顾哪一家具体的店铺；二是光顾的频率[51]。依此定义，惠顾意愿即为顾客光顾并多次在该店铺进行购买的意愿。

在零售企业顾客惠顾意愿方面的研究较多，代表性的研究主要有：

Pan 和 Zinkhan（2006）总结出了零售企业顾客惠顾意愿的决定因素，主要有以下几类：①产品相关因素：包括产品质量、价格、产品项目；②市场相关因素：包括便利性、服务质量、销售人员的友好性、商店形象、商场气氛、结账快捷性；③个人相关因素：人口统计变量（如性别、收入等）、对商场的态度、潜在调节因素（如商品类型、商品项目数量、有店铺或店铺形式等）。

Arnold，Oum 和 Tigert（1983）研究零售惠顾的决定要素，认为顾客对零售店铺经营要素的感知决定其惠顾意愿，这些要素包括：选址便利、低价格、快速结账、友好礼貌的服务、最佳的每周特惠以及购物环境，这些要素对顾客惠顾的决定作用最强。该研究还针对这些决定要素进行了多组比较，分析季节因素、不同时间因素、市场因素、跨文化因素对零售惠顾决定要素的影响。通过研究发现季节因素对零售惠顾的决定因素无显著影响，即不同季节下惠顾意愿的决定因素无显著变异；时间因素对零售惠顾的决定因素有显著影响，随着时间的推移，惠顾的决定因素也会发生变化；在不同市场中零售顾客惠顾的决定因素存在显著差异；在不同国家跨文化背景下，各不同决定因素的程度存在差异，但基本要素的构成上基本无差异[52]。

Baltas 和 Argouslidis（2010）等则从顾客的角度来探讨影响多零售店铺惠顾的因素，也就是对惠顾店铺数的影响。实证研究结果显示家庭购物支出、家庭规模、店铺品牌倾向对惠顾集规模起着正向影响，而收入、年龄、工作雇佣、对主店铺的满意、对主店铺自有品牌的满意都对惠顾集的规模起着负向影响[53]。

Julie，A. Parasuraman 和 Dhruv 等（2002）研究了商场环境因素对感知商品价值和惠顾意愿的影响，他们认为社会、设计和周边环境三种商场环境因素是外生因素，不同的商场选择标准是调节变量，而惠顾意愿则是内生因素。该文还研究了这些环境因素在何种程度上影响在不同选择标准下顾客对商店的评价，以及这些评价如何影响顾客的惠顾意愿[54]。

Darian，Wiman 和 Tucci（2005）从价格和人员服务属性角度分析了顾客惠顾意愿的形成，实证研究结果显示人员服务要素上，低水平服务与中等水平服务对顾客惠顾意愿影响效果的差异比中等水平与高等水平对惠顾意愿影响效果的差异要大，因此该研究认为不管价格是何种水平，零售商都要避免在任何属性上提供低水平的服务；而如果零售商收取了超过行业平均水平的价格，则也不必在所有属性上都提供最高水平的服务，但其所提供的服务表现必须可接受[55]。

Zolfagharian 和 Paswan（2009）研究了服务创新的消费者感知与顾客购买意愿之间的关系，通过实证研究发现：①服务创新的消费者感知与顾客惠顾意愿之间存在密切关系；②不同服务行业中起重要作用的服务创新消费者感知的维度也存在不同；③消费者特征的变化会调整服务创新消费者感知对惠顾意愿的效果[56]。

Dhruv，Julie 和 Michael（2003）等研究了在高服务零售商店中等待预期时间和商场气氛评价对顾客惠顾意愿的影响效果，测试了等待预期时间和商场气氛评价二者的相对重要性，实证研究结果证明预期等待时间是惠顾意愿的一个关键决定因素，与惠顾意愿存在负相关关系；而店铺气氛则对惠顾意愿起着正向作用，研究发现改善店铺气氛是一种更为廉价的替代降低顾客预期等待时间的办法。研究还发现性别对顾客预期等待时间和店铺气氛的效果也存在直接影响[57]。

2. 溢价支付意愿的相关研究

价格溢价（Price Premium）是一个经济学的概念，经济学中通常将价格溢价定义为超出行业平均利润的价格（Shapiro，1983）[58]，也就是企业所索取的相对于同行业类似产品或服务、相对于商品或服务本身成本较高的价格。

迈克尔·波特最早研究差异化与价格溢价之间的关联。在《竞争优势》一书中波特就明确阐述了差异化战略对企业获取价格溢价的作用，他认为差异化战略可以使企业因其独特的地位而获得溢价的报酬，“一个能创造和保持经营差异性的企业，如果其产品价格溢价超过了它为产品的独特性而附加的额外成本，它就成为其产业中盈利高于平均水平的佼佼者”[3][13]。这也就意味着企业需要追求超过其实施差异化所追加的成本的价格溢价。

企业要获取价格溢价就需要使顾客愿意支付价格溢价，因此探讨溢价支付意愿的前因后果就显得重要。现有关于溢价支付意愿的研究较少，主要有以下几项研究：

一是 Persson（2010）对影响顾客价格溢价支付的因素进行了探索性的研究，该研究提出价格溢价可能会受到以下几方面的影响：①品牌的熟悉程度；②产品选择因素，如质量、组合、创新等；③服务，如增值服务提供及服务的专业性；④分销，如可靠及快捷的送货；⑤关系，如可信任度、合作、信息交换等；⑥公司因素，如公司声誉、社区活动等。

该研究实证结果显示，服务、产品选择及关系对顾客溢价支付意愿有较大的影响，分销及公司因素对溢价支付意愿有一定的影响，而品牌的熟悉程度对溢价支付意愿的影响程度很小[59]。

二是从顾客忠诚角度对溢价支付意愿的研究，如 Reichheld 和 Sasser (1990) 指出忠诚的顾客比不忠诚的顾客具有较低的价格敏感性，他们愿意支付价格溢价与他们偏好的零售商继续进行交易，而不愿去花费额外的搜寻成本[60]。Srinivasan（2002）的研究也支持这一观点，即忠诚的顾客愿意支付更多[61]。

但现有研究中并没有直接探讨顾客感知差异化对溢价支付意愿的影响，二者是否存在关联、存在直接关联还是间接关系都缺乏实证检验。

2.5 现有文献的局限

从上述文献综述可以看出，目前关于零售企业差异化的研究中，主要存在以下几个不足：

（1）现有研究主要集中在从零售企业的角度来研究差异化的策略和后续效果，缺乏从顾客角度的对零售企业感知差异化的研究。大量研究集中在零售商如何更好地实现差异化以及某一项或一类差异化举措的效果等，并没有很好地去研究顾客如何看待这些差异化行为或特征，以及顾客感知到差异化后会产生何种后续反应。

（2）现有研究中仅有的两篇涉及零售企业顾客感知差异化的文献并没有深入探讨感知差异化的形成及构成维度，也没有深入研究感知差异化能对顾客及零售商产生哪些后续效果。这两项研究中仅仅将感知差异化作为其他变量关系的中介或调节变量，在研究中处于从属地位。此外，这两项研究中关于感知差异化的测量量表也有进一步改进的需要，Babin 的研究中感知差异化的测量题项仅有三个，难以全面地测量感知差异化；Chaudhuri 的研究中感知差异化的测量题项涉及范围较全面，但更类似于店铺印象的测量，为体现出差异化。因此，本研究需要着重探讨感知差异化的构成维度、后续结果，并开发出一套具有更高效度、信度的量表。

（3）现有研究文献中并没有探讨感知差异化与惠顾意愿、溢价支付意愿的关系，也没有学者验证感知差异化与惠顾意愿、溢价支付意愿是否具有直接的关联，因此本书中可以尝试弥补这一不足，深入探讨感知差异化与惠顾意愿、溢价支付意愿之间的关联，特别要明确感知差异化到惠顾意愿、溢价支付意愿中所需要经历的环节。

第3章

感知差异化对惠顾与支付意愿的影响

要探讨感知差异化对零售企业顾客惠顾与支付意愿的影响机理，就必须首先考虑消费者的店铺选择与购买的决策过程，因为感知差异化对惠顾意愿的影响机理同样不能脱离消费者购买的基本行为模式。本章在消费者购买的基本行为模式基础上，进一步分析感知差异化对顾客惠顾与支付意愿的影响机理。

3.1 基于零售归类模型的研究框架

传统的消费者购买行为分析是遵循S－O－R模式，即“刺激—个体—反应”模式，即消费者在一定的刺激下经过一系列自身的心理活动进而对该刺激产生反应，科特勒对S－O－R模式进行了总结[23]202，如图3－1所示：

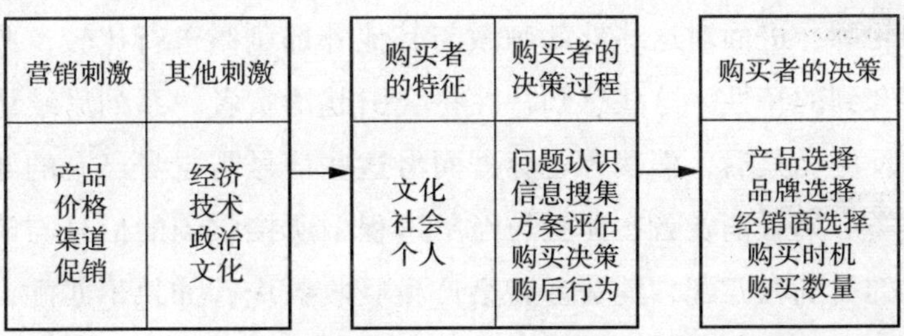

图3－1　S－O－R模式

S－O－R模式揭示了消费者的基本反应模式，即从外部刺激到购买者决策中需要经过问题认识—信息搜集—方案评估—购买决策—购后行为的过程。但S－O－R模式是一个相对普适性的分析框架，其主要问题在于其中的“O”也即机理过于笼统，无法深入分析刺激（S）与反应（R）间的路径，不打开这个黑箱探讨其中的机理，零售商就无法有效针对消费者展开各种营销策略。此外，科特勒总结出的这一模式是基于顾客对制造业产品的反应模式，不能完全适用于具有高服务性质的零售业。此外，本研究重点是探讨感知差异化因素对惠顾及溢价支付意愿的影响，因此重点在于方案评估的环节，也即消费者的比较、选择过程，这一过程中要经历哪些环节是 S－O－R 模式所不能解释的。

为进一步深入探讨感知差异化对惠顾意愿的作用机理，本研究引入 Babin（2001）等提出的零售归类模型来探讨感知差异化对顾客惠顾与支付意愿的影响机理[62]，零售归类模型如图 3－2 所示。

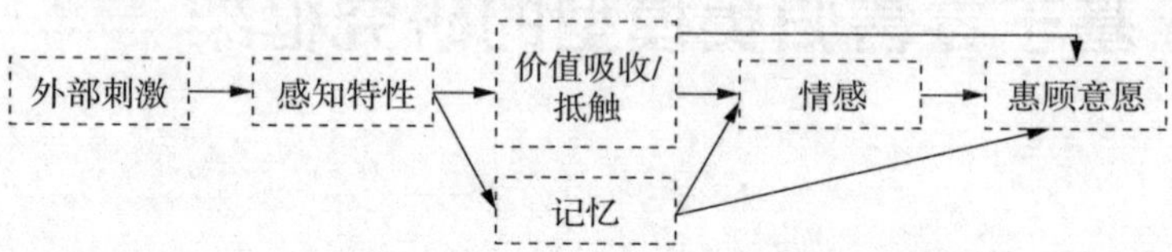

图 3－2　零售归类模型

该模型是在 Ward 提出的消费者归类过程的基础上扩展而来，其基本目的是探讨消费者感知与归类过程所引发的不同认知、情感及行为结果。当在零售环境下，消费者受到零售商所发出的信号刺激时，首先会描述出该信号的轮廓，进而对这些外部刺激与其他外部刺激进行比较，此时就会形成其感知到的特性。这些感知特性将会引起消费者一系列后续认知的与情感上的反应，其后，消费者还会进而将这些信号与自身已有的知识进行比较、归类。如果消费者在体验与经历过程中所接收到的信号与消费者记忆中已有的类别相匹配，消费者就会产生吸收效应，如果不匹配，则会产生抵触，这一过程中就产生顾客的购物价值。如果感知特性明显，将使消费者更容易记忆，而不需要更多的关注和回想。价值判断与记忆这些认知性的结果将会进一步引起情感性结果，如喜欢与否、兴奋、怀疑等，这些情感将会直接影响惠顾意愿。

借助 S－O－R 模式和上述零售归类模型的思路，本研究提出以下理论框架，并按这一框架思路来探讨感知差异化对惠顾与溢价支付意愿的影响机理，如图 3－3 所示：

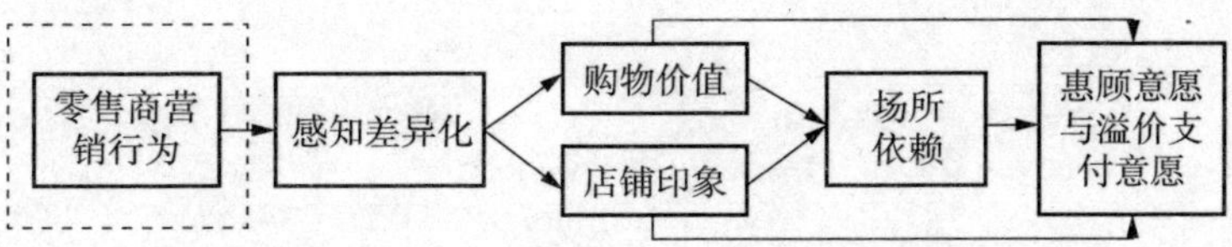

图3-3　本研究的理论框架

该框架的起始为零售商的外部刺激，在本研究中就具体化为零售商的营销行为或要素，包括零售商在营销中的一系列差异化的举措，例如零售商的商品组合配置、定价、选址、店铺布局与设计、促销活动等。顾客接收到这些刺激，会在脑海中与原有知识和在其他店铺的经历进行对比，从而形成感知差异化，即对应原模型中的感知特性。消费者进而对该感知差异化进行归类，判断其价值（即感知购物价值），价值的形成离不开个人偏好、个人特性这一重要内因，零售商的差异化特征若与其个人偏好、自身需求相符，则产生价值吸收，增进价值；若不相符则产生抵触。由于消费者个人的偏好与特征不同，零售企业同一差异化要素会让不同的消费者感知到不同的购物价值，也就产生了价值的高低之分。

顾客进行价值归类的同时还会产生记忆，形成对该店铺的印象。Orth和Green等学者就认为顾客在零售店中会对该店铺的业务过程形成记忆与联想，即为来自于顾客对该店铺的、印象，店铺印象是顾客对零售店铺带有一定价值判断的记忆。

顾客价值的感知和记忆会直接引起惠顾与溢价支付意愿，另外还会通过引发顾客的情感（在本研究中即为场所依赖）从而影响惠顾以溢价支付意愿。

由于涉及跨层次问题，零售商差异化营销行为对顾客感知差异化的影响过程不作为本研究的内容，本研究仅涉及感知差异化形成后的后续效果。

此外，由于零售顾客要形成对店铺的感知、偏好必须基于他们之前对店铺参观光顾过后所形成的印象与比较排序，未光顾过该店铺的顾客是无法产生感知差异化的，因此本书的研究对象确定为已开业的零售店铺及已光顾过该店铺的顾客。

3.2 感知差异化及其构成维度

零售企业的差异化通常被认为是零售店在零售组合基础上的不同方面客观特性的搭配，这些零售组合要素包括例如服务质量、店铺环境等等（Levy and Weitz，2009）[63]。在这些要素上与其他店铺相比的不同特性、不同水平就构成差异化，如高服务水平与低服务水平、豪华型装修与简约型装修等不同特点就构成了零售企业间的差异。差异化的基础是消费者的不同偏好，消费者可以从零售企业的多重属性中获得不同效用，因此零售企业就可以提供多种属性间的组合以满足消费者的需求，从而形成差异化。零售企业的这些差异化举措最终都要由顾客个人在购物过程中进行感知，每位顾客都会对该店铺不同方面零售组合要素的特点进行感觉、感知和评价，进而形成其个人效用的判断，从而产生后续的诸如价值评价、惠顾意愿、购买行为等一系列的情感或行为上的反应，没有消费者对差异化的感知，后续效果都无从产生。

因此，本研究对感知差异化作以下定义：感知差异化（Perceived differentiation）是消费者对零售企业差异化行为的主观感知、主观评价（Chaudhuri and Ligas，2007）[48]410，是零售企业差异化的个人层面的反映。

感知差异化可从两个层次进行探讨，一是总体层次的感知差异化，也就是顾客对零售店商品、服务、环境、促销等多因素差异化的综合感知，还有对整个商场总体导向、主题差异化的感知，例如购物中心相对于价格导向的工厂直销中心（Outlets）、折扣店等业态更倾向于服务导向，这就形成了总体性的差异，而顾客对这种总体差异的感知即为总体层次的感知差异化；另一层次则是分解层次的感知差异化，也就是对零售组合中各要素的差异化的感知，例如对商品的感知差异、服务的感知差异等。为进行更为深入细致的理论上的探讨，本书选取的是分解层次的感知差异化，也即从感知差异化的构成要素或表现形式的角度来探讨各种不同要素对零售企业顾客的价值评价、后续情感及行为意向等方面反应的影响。要进行分解层次感知差异化的研究，首先就需要对零售企业顾客的感知差异化的构成维度进行探讨。

由于感知差异化的基础依然是差异化行为，因此首先需要探讨零售企业差异化的表现因素和构成维度。关于零售企业差异化的表现因素，马龙龙（2006）等对其进行了分类，他认为零售企业的差异化方式主要包括：①业态差异化。该研究中提出业态差异化是零售企业差异化的首要手段，目标顾客的不同是形成零售业态的最重要原因，而组织和经营方面的不同是区别不同零售业态的标志；②店铺选址差异化。即企业根据不同业态的特征和商圈的竞争情况，综合考虑现状及未来选择理想的经营位置，形成差异；③供应链管理差异化。零售企业通过供应链管理与供应商建立稳定、紧密、独特的交易关系，并通过现代信息技术实现供应链管理的快速反应系统，从而形成差异化；④商品组合差异化。即通过综合化与专业化、建立代理关系、开发自有品牌等方式实现商品组合的差异化；⑤信息技术差异化。MIS（管理信息系统）、POS（销售点系统）、EDI（电子数据交换系统）、ECR（有效顾客反应系统）、BI（商业智能）、RFID（无线射频技术）等信息技术的引入可以有效提高企业的流程控制能力和经营管理能力，形成差异化优势；⑥营销策略差异化，包括店铺形象设计、营销特点、促销方式等营销策略上实现的差异化。这种划分法是从零售企业的视角来探讨差异化的实现，并不是从消费者的角度来考虑的，其中的供应链管理、后台信息技术的支持等方面的差异化并不能被消费者直接感知，往往需要通过其他要素来间接反映。

真正能被消费者有效感知的差异化还需要从零售营销组合（也可简称

为零售组合）上入手，零售组合也即指零售企业主要经营要素的集合。可被消费者直接感知到的零售企业差异化的实现主要围绕着零售营销组合的各要素展开。传统适用于制造业的营销 4P 组合不能完全解释零售业的营销实践，例如人员服务与店铺环境就是零售企业的两个不可忽视的经营要素[64]。但目前在学术界被广泛接受的零售营销组合要素依然是在传统营销 4P 组合的基础上发展而来的，因此学者们对零售组合要素的划分基本大同小异，具有代表性的几种分类见表：

表 3－1　零售组合要素分类

学者	零售经营要素组合
巴里·伯曼[65]	商店位置、运营过程、商品、定价、购物环境、顾客服务、促销方式
迈克尔·利维[66]	选址、商品、定价、广告和促销、商店设计与展示、顾客服务
李飞[6]	产品、服务、价格、店址、环境、沟通

巴里·伯曼对零售组合的划分是一种较为广义的划分法，除了商店位置、商品、定价、购物环境、顾客服务、促销方式外，还包括零售商的运营过程这一零售商的后台支持性流程。利维对零售营销组合的划分则包括选址、商品、定价、广告和促销、商店设计与展示、顾客服务六项，而李飞提出的分类法与利维的划分本质上一致，其中的主要区别在于沟通、环境要素上。

综合以上三种划分法，本书归并出以下六个要素：商品、服务、价格、选址、环境、促销。商品、服务、定价、选址要素是以上三种分类法中均提到的要素，而商店设计与展示属于零售企业的购物环境，因此本研究认为零售营销组合的第五个要素为环境。三种分类法中提到的促销方式、广告与促销、沟通等均可归并为同一个要素即促销，传统 4P 组合中的促销其本身就包括广告、销售促进、人员推销、公共关系四项内容，而顾客沟通属于营销 4C 范式中的一个要素，与 4P 范式中的促销相对应，促销也包含顾客沟通的内涵，因此将促销确定为零售组合的第六个要素。

在这六个要素中，已经开业的零售商店的店址是不可改变的，定价策略也由于国内的价格战以及网络购物所带来的价格透明化而难以实现差异

（李飞、陈浩等，2009）[67]，而且差异化的一个重要目的就是要降低顾客的价格敏感性，避免企业间的价格战，使价格比较变得困难。因此对于一个已经正常运营的零售企业来说，可供实施差异化的要素就是商品、服务、环境、促销和沟通四个要素，即商品差异化、服务差异化、环境差异化、促销差异化。

而消费者对这四方面差异化的主观感知即构成了消费者的感知差异化，因此感知差异化的构成维度就包括感知商品差异、感知服务差异、感知环境差异、感知促销差异。

1. 感知商品差异

感知商品差异（Perceived Merchandise Differentiation）即指顾客对零售商所提供的商品组合的差异化的感知，感知商品差异与商品差异化是同一个问题的两个方面，区别就在于感知商品差异是顾客自身感知的商品差异，而商品差异化则是零售商主动的在商品组合上的差异化行为的结果。

零售企业的商品差异化与制造型企业的产品差异化不同，除了商品本身的差异化外，更主要的是将不同商品进行组合后所形成的差异化。所以，感知商品差异不仅包括某种商品与其他同类商品间的差异化，还应包括零售商提供的商品组合上的差异。Wortzel（1987）还提出，零售企业的商品差异化意味着提供独特、有区别的商品或在各个品类中提供尽可能宽泛的产品线。

商品组合上的感知差异包括多个方面，主要有：

（1）商品组合宽度与深度上的感知差异，即可供顾客挑选的不同商品项目的数量上的差异，这实际上也是零售企业综合化与专业化的差异，例如大型超市与专业店之间就存在商品组合的宽度与深度上的差异。在同一业态的零售企业中，商场中商品组合的不同广度和深度很容易为消费者感知到，这有助于迎合消费者的不同的偏好与口味，并能吸引更多消费者并实现更多的购买量（Dhar et al. 2001）[68]。

（2）商品组合定位上的感知差异。大量的研究文献和零售企业的实践已提出，商品采购是支持零售企业竞争战略实现的关键活动，在零售商的采购活动中主要有两类不同的反应，一类聚焦于采购独特的商品，另一类聚焦于采购低成本的商品。致力于商品差异化的零售商往往关注行业中的前沿潮流的新产品或与众不同的商品提供，他们往往会搜寻认为适合他们品牌形象以及定位的新商品（Smith and Venkatraman，1995）[69]。因此，以具有独特性、时尚性商品配置为主的零售企业与那些以大众化、标准化、低价格的商品配置为主的零售企业之间就形成了差异化。随着收入的逐步提高，大部分消费者在购物过程中已不仅仅追求低价格，而更注重价格与质量、性能、品牌等因素之比，因此消费者对个性化、品牌化的流行商品的追求越来越明显，消费者对零售商场所提供的商品的流行性、品牌效应等因素的感知也就成为感知商品差异化的重要内容。

此外，Wirthgen（2005）通过对消费者的实证调查研究发现，消费者的固有偏好显示出其对特定区域性商品（食品）具有明显的潜在需求。消费者非常注重商品的原产地，特别是对于环保型生产及质量控制的商品。而区域性营销、原产地效应、质量领先、环保型生产正是零售商重要的商品差异化策略的组成部分[70]。

（3）自有品牌与全国性制造商品牌所形成的差异化。自有品牌一般是指由零售商或批发商拥有的品牌，其一系列产品通过独家或有控制的渠道分销[71]。开发自有品牌商品已经普遍被认为是零售商实现差异化、参与市场竞争并获得优势的广泛采取重要手段（Ailawadi 和 Harlam，2004；马龙龙，2006；Kumar 和 Steenkamp，2009）[72][73]，大量学者研究认为实施自有品牌的关键在于是否具有差异化，着重根据顾客的感知差异来调整自有品牌的经营策略。具有“高质量——相对低价格”特点的自有品牌商品将是最有效的一种差异化策略，提高消费者对自有品牌商品的感知质量将大大促进零售商差异化的实现。零售商往往会将自有品牌商品与全国性制造商品牌商品进行组合配置，零售商的不同自有品牌以及自有品牌与全国性品牌的不同比例就形成了差异化，顾客对零售商自有品牌的感知也构成感知差异化的一部分。

因此，感知商品差异的内涵包括顾客感知到的商品组合宽度和深度上的差异、商品定位上的差异以及新产品和自有品牌上的差异。

2. 感知服务差异

零售企业与制造企业在差异化上的一个很大的不同之处在于零售商需要向顾客提供更多的服务，特别是店铺内的服务。零售服务主要是指顾客服务，包括销售人员在消费者购买前、购买中和购买后通过互动所提供的各种附加增值服务及零售商政策的实施及相关设施的提供[74]。无论何种业态的零售企业都需要向顾客提供一定的店铺服务，或者人员服务或者自助服务。当前零售市场普遍处于供过于求的市场态势，零售企业售卖的商品在质量、档次、性能和款式等方面要实现差异越来越困难。在这样的背景下，零售企业要脱颖而出、在顾客心中树立差异化的形象并最终实现竞争和绩效优势，一种重要的方式就是服务差异化。国际上的主要零售商都追求在顾客服务上与竞争者相区别，并在多方面改进顾客服务，如尽可能缩短结账时的排队、延长营业时间以增加顾客便利（Harris 和 Ogbonna，2001）[75]。国内外成功的零售商如沃尔玛、大商等均依靠超前的服务理念，并创出了优质服务的品牌（李飞、赵凯，2007）。Kent 和 Omar（2004）提出服务是在同质化商品背景下零售商保持差异性的重要战略性因素[76]。

零售企业的服务成为差异化的最主要的方式后，需要将服务差异化上升为企业战略层面的决策，并有效地执行以使顾客明确地感知。其中的三项最主要的决策是：①提供的服务数量；②服务的广度，即服务的覆盖面，有多少顾客可接受到这些服务；③这些服务在多大程度上被强调（Homburg et al. 2002）。此外，Wortzel（1987）还提出服务差异化的策略主要基于增加独特的服务和个性，以便使消费者能明显感知到其差异。Harris 和 Ogbonna 提出服务质量也是服务差异化的一个重要部分，Aaker（1986）还提出服务质量是企业实现异化基础上的竞争优势的重要组成部分[77]。除了上述要素外，从 20 世纪 90 年代开始，零售商在顾客服务上从以高顾客一等的态度转变为认真对待顾客并与顾客建立更好的关系，开始注重通过人员服务实现顾客沟通以及顾客关系的建设（Cull，1997）[78]，进一步将顾客沟通与顾客关系建设也纳入到顾客服务的范畴中。

顾客对零售服务差异化感知还体现在零售服务各要素的创新及差异化的感知上，顾客在接受服务过程中需要经过相关的一系列服务要素及服务流程，每个要素及流程上是否能够有效体现出零售商差异化的效果将直接影响到顾客的感知与评价。通常来说，零售服务按照购物流程可划分为购前、购中及购后三个环节，并可具体细分为信息援助、导购服务、信贷服务、包装、送货、安装维修、投诉处理等服务要素；按照服务内容划分则可分为产品服务、便利服务、支付服务、信息服务等（Dunne et. al, 2006）[79]。

在本研究中，感知服务差异（Perceived Service Differentiation）中的服务是指零售商的整体服务，也即顾客对零售企业服务的整体感知，不对售前、售中及售后服务进行区分。感知服务差异因此也就包括提供的服务数量的差异、服务强调程度的差异、服务质量的差异以及顾客关系沟通上的差异。

3. 感知环境差异

零售店铺的环境指的是通过音乐、灯光、布局、标识以及设计等手段形成的实体物理环境，通常包括外观设计、店铺氛围、店面布局、商品陈列与展示、视觉识别信息等要素（Berman 和 Evans，2007；Dunne 和 Lusch，2007）[80]。Dunne 和 Lusch 还进一步指出，大多数顾客都不会有意识地去识别这些要素，但当某些要素明显缺失时，顾客可以立即辨认出来，因此这些要素可以被顾客有效地感知。

Levy 和 Weitz 认为店铺环境自身就是一个实现差别化优势的机会，零售企业可以通过在店铺中的设计、布局等因素使顾客感到新奇，从而增加顾客的购买兴趣，也避免顾客对千店一面的店面设计和布局感到厌倦而降低其惠顾意愿。Doyle 和 Broadbridge（1999）在研究中就指出，零售商的店铺环境设计因素（如橱窗展示、店内清洁、商品陈列等）在消费者对店铺差异化的感知中起着显著作用。设计因素可以在消费者对差异点的感知中起服务作用，零售商因此可以据此开发出一套区分自己的策略。零售商需要根据顾客需要和期望来开发出一系列设计策略以使自己有效地与竞争者区分开来。不同零售商往往对商场陈列、布局等环境因素持有不同的态度，这也容易使零售店铺间的环境出现差异。

此外在店铺环境中，便利性、易进入性越来越被认为是一个重要的获得差别优势的要素（威拉德·N·安德、尼尔·Z·斯特恩，2005），顾客对在商场购物便利性要求越来越高，也即要求零售企业营造一个环境友好、顾客友好型商场。顾客对店铺环境便利性的要求主要有：①到达和离开店铺便利；②便利地找到所需商品，尽可能减少浪费时间。并不是所有零售商都能在环境便利性上做好，各个店铺在便利程度上都会存在不同，因此顾客在店铺环境的便利性上的感知将成为感知环境差异的重要环节。

综上所述，感知环境差异（Perceived Environment Differentiation）包括顾客对店铺的装修设计差异化、陈列方式的差异化、店铺布局便利性、整体气氛的营造等方面差异化的感知。

4. 感知促销差异

感知促销差异（Perceived Promotion Differentiation）是指零售企业顾客对零售商在运用广告、销售促进、人员推销、公共关系等促销方式中所采取的独特策略的总体感知。

为了实现差异化，零售商往往会在促销工具的选用上实现差异化。Fam 和 Merrilees 在研究中提出，致力于通过营造温暖、友好和有益的气氛而实现差异化的零售商更强调用人际沟通、人员销售的促销方式；致力于树立独特的店铺形象的零售商更强调采用引人注目的大众媒体，如印刷广告、电视广播广告等；希望通过令人兴奋的事件来实现差异化的零售商往往强调使用具有一定竞争性的促销工具，如销售促进[81]。消费者便可以通过对零售商采取的不同促销方式的体验进而产生感知促销差异。每一种促销工具的内部还存在着可差异化之处，例如销售促进上即可分为抽奖式促销、附赠式促销等多种形式，零售商可根据不同需要对其进行促销组合。

消费者对于零售商促销差异化的另一类感知取决于促销活动内涵的差异化，包括促销主题、内容及人员的差异化，这些活动有助于树立差异化的促销形象（陈荣，2007）。零售商为了避免同质化竞争，往往会在促销环节上寻求创新亮点，根据消费者的情感诉求制定有效的促销策略，实施差异化促销以吸引消费者。其中，消费者能从促销中获得多大的利益也往往会被消费者明确感知，进而形成消费者的感知促销差异。例如不同商场往往会采取不同的销售促进方式，其实际的让利程度、消费者进入门槛往往会存在不同，关注促销利益的消费者往往会进行比较形成自己的主观判断，便形成了感知促销差异。

零售商的公共关系与企业社会责任的承担也是差异化的策略之一，一家积极承担企业社会责任的零售商可以与顾客建立一种独特的关系（Swindley，1990）[82]，而这种关系是其他零售商不具有的。Oppewal 和 Alexander 等进一步提出企业社会责任活动所形成的差异化将会对零售商的吸引力产生正向影响[83]。

因此，感知促销差异包括促销工具的差异化、促销内容与利益的差异化、企业公关活动的差异化等内容。

总体来说，以上四方面即为感知差异化的构成维度。但需要注意的是，经济学理论中通常将差异化划分为水平差异化（Horizontal Differentiation）与垂直差异化（Vertical Differentiation）两类（Neven 和 Thisse，1987）[84]。水平差异化也可被称为特征差异化，即差异化体现在不同特色上，不同特色各自有相应的不同需求，如 Hotelling 模型中的空间差异化即为一种水平差异化。而纵向差异化则也可被称为质量差异化，即通过产品或服务质量的提升实现差异化。在纵向差异化下，消费者会对两项同类产品或服务产生不同的质量评价，纵向差异化往往是高端化战略的基础，即实现比竞争者更好的质量从而形成差异化。

在本书研究中，总体上以纵向差异化为主、横向差异化为辅，即侧重于质量上的差异化，更强调零售企业通过实现比竞争者在零售要素上更好地表现来实现差异化。

3.3 购物价值：享乐性价值与功用性价值

根据3.1节提出的研究思路，顾客在接受到感知差异化这些外部刺激后将会在内心中结合个人偏好和个人特征后进行价值判断，从而形成感知购物价值。关于顾客感知购物价值的划分，学者提出了多种划分法。但在本研究中，具体选择哪一种购物价值的划分法需要进一步确定。

1. 购物价值的划分

其中较有代表性的划分主要有以下几类：

一是从顾客感知价值角度来分析购物价值。最早提出感知价值的是Zeithmal（1988）的一项研究，他提出感知价值是感知利得与感知利失之间的权衡，因此感知价值包括感知利得和感知利失两个维度[85]。感知利得指在产品购买和使用过程中产品的物理属性、服务属性、可获得的技术支持等，感知利失包括购买者因购买而发生的全部成本，如货币成本、时间成本、精力成本等。

二是根据研究的不同目的和角度对感知购物价值进行划分，从行为学的角度可以划分为获得价值（Acquisition Value）、交易价值（Transaction Value）、补偿价值（Redemption Value）、使用中价值（In - use Value）（Parasuraman和Grewal，2000）[86]；从心理学的角度可以划分为享乐性购物价值（Hedonic Shopping Value）与功用性购物价值（Utilitarian Shopping Value），最早由Holbrook和Hirshman（1982）提出此概念[87]，并由Babin

(1994) 等正式开发出测量量表[88]。

在上述划分法中，Zeithmal 提出的感知价值下的感知利得与感知利失两维度是一种一般性、普适性的划分，难以体现出零售企业顾客感知到的购物价值的特性，而且本研究中重点研究顾客对零售店铺总体的价值判断，目的不在于进行感知价值的划分。而 Parasuraman 和 Grewal 对感知价值的划分也同样仅适用于某一具体产品或服务的价值的感知，但不能很好解释在零售商场购物过程中的整体价值的体验，特别是将忽略顾客在购物过程中的各种各样的无形价值和情感利益（Holbrook，1986）[89]。因此大量零售学者的研究中，对顾客感知到的购物价值通常采取前述提及的 Holbrook 等提出、Babin 等开发出测量量表的享乐性价值和功用性价值的划分法，这也是一种影响最大的对购物价值的划分法，因为这种划分法可以很好地与零售企业顾客的购物动机相匹配，即享乐性动机与功用性动机，而且可以成功解释诸多顾客的后续购物行为（Arnold and Reynolds，2009；Carpenter，Moore and Fairhurst，2005）[90][91]。

顾客在购物过程中往往存在两面性，一种是将购物作为一项任务、工作，当今顾客生活节奏越来越快，很多消费者已经不再愿意花费大量时间进行购物，因此仅将购物作为一项任务甚至是负担；而另一种则是将购物视作一种乐趣，侧重购物有趣的一面，因此也就使顾客对购物过程中的体验价值产生了分化。当顾客经过寻找达到了其想要的结果时，满足了其功用性需求，即形成功用性价值。而顾客在购物过程中也有可能无意识或有意识的产生享乐性的反应，这就形成享乐性价值，功用性和享乐性是很多消费者行为中共有的二元性（Deci，1981）[92]。

因此本书可以对功用性价值与享乐性价值做出如下定义：

功用性价值是顾客以一种高效的方式在商场购买到其需要的商品、服务或信息时所获得的价值，是一种相对理性的价值，如消费者在一家商场能够方便地购买到自己本次购物想要买的商品，这便是一种功用性价值；而享乐性价值是指在购物经历中多感官的、想象的以及情感方面获得的利益，顾客在购物过程中感觉到一种愉悦、兴奋等精神层面的价值。功用性购物价值反映的是购物过程中与购物任务相关的价值，而享乐性价值则是在购物过程本身中发现的价值，与购物任务无关（Jones，Reynolds and Arnolds，2006）[93]。

享乐性和功用性同时也是零售企业顾客的两种不同购物导向，为了满足不同购物导向的顾客的不同需求，零售企业不仅要提供高质量的产品和合理的价格满足顾客基本的功用性需求，而且还要能提供刺激和愉悦等心理价值以满足顾客的享乐性需求，即同时提供功用性价值与享乐性价值。

2. 感知差异化与享乐性、功用性价值

大量学者研究中指出成功的差异化应该能向顾客提供高的价值，只有向顾客提供独特的或较高的价值，顾客才会降低其对价格的敏感性并愿意支付溢价，并产生购买行为（Sharp et al.，2001；Porter，1985；Ulaga and Eggert，2006）[94]。Carpenter 和 Glazer（1994）进一步提出成功的差异化要求企业使自己的产品、服务、品牌等在某一属性上实现有意义的、相关联的、有价值的区别[95]。顾客在对零售企业差异化的感知过程中也会对其差异点进行价值判断，从而影响顾客对购物价值的主观判断。

Allard 和 Babin 等的研究已证明，零售商为了在竞争中生存必须寻求实现差异化，从而在竞争者中脱颖而出，因此它们必须在其零售经营组合各要素的基础上采取一系列修正调整措施，而执行这些零售差异化策略的结果就是给顾客带来享乐性或功用性的价值。例如，零售商一方面通过更好的物理环境、新型差异化业态（如影剧院、餐饮等）、活跃商场气氛的促销活动等增加享乐性价值，另一方面通过帮助顾客更好地完成购物任务从而增加功用性价值。Chaudhuri 等人的研究也认为感知差异化与享乐性和功用性导向存在相关关系，当感知差异化程度越高，则更能向顾客提供一个具有享乐性的和功用性的环境。

因此，从整体上来说零售企业顾客的感知差异化对享乐性价值与功用性价值存在正向影响，而感知差异化下的四个维度也同样与购物价值之间存在着关联。

朱华伟、涂荣庭（2008）等在前人研究基础上总结出影响体验价值和商品价值的因素，体验价值、商品价值在该研究中也就分别对应享乐性价值与功用性价值[96]。该研究总结出的影响顾客享乐性价值的商场因素有：①商场氛围和商品丰富程度（Tauber，1972；Bellenger and Korgaonkar，1980）；②商品类别、商品价格、商店环境和服务人员（Jones，1999）。而影响顾客功用性价值的商场因素有商场的设计因素、服务人员的服务质量和环境因素（Baker et al.，2002）。该研究因此认为，商场氛围、销售人员的服务质量、商品价格和商品的丰富程度这些因素都会同时影响享乐性价值和功用性价值。而这些因素也正与零售营销组合要素相符，商品类别、丰富程度属于商品要素，服务人员、服务质量属于服务要素，商场氛围、设计因素属于环境要素，商品价格则设计到价格和促销两个要素。

（1）感知商品差异与购物价值

关于感知商品差异与享乐性价值、功用性价值的关系，大量学者已经对其相关领域进行了大量研究。于立宏、郁义鸿（2007）等提出产品差异化的方向就是带来更高的顾客价值，特别是纵向差异化可以有效提升客户价值[97]。在零售企业中，这种价值就体现为享乐性价值和功用性价值两类。在上述对享乐性价值和功用性价值的影响因素中，商品类别、商品丰富程度均属于商品要素，零售企业如能在其商品类别和丰富度上与竞争对手实现差别，将能满足不同顾客的偏好。例如专业店这一业态就与百货店实现差别，专业店只经营少数几条产品线的商品，但每一条产品线内商品种类非常丰富，产品线的深度较深，因此可以满足顾客对某一大类商品的全部需求，被称为“品类杀手（Category Killer）”；而百货店则产品组合宽度较宽，经营多个产品大类，可以满足顾客的综合化的要求。此外，在同一业态内的不同商店在商品丰富度、商品数量上也会存在差异，也就会使顾客产生不同的价值判断差异。例如一家商场的商品种类较多时，可以更好地满足顾客的一站式购物需求，增加顾客选择的余地，从而增强顾客的功用性价值；当一家商场经营有限品种的商品时，顾客在选择商品时所花费的精力和时间将减少，也可以增强这部分顾客的功用性价值。

Zeithmal（1988）提出商品的感知质量对感知价值有正向影响，当零售企业在商品质量上能胜于竞争对手，实现差别，将能有效提升顾客的感知购物价值。商品质量上的差异化将给顾客带来两方面的价值，一方面可以带来商品使用价值的提升，即功用性价值，另一方面也会给顾客带来心理上的满足和情绪上的反应，即享乐性价值。此外，当顾客感知到零售商场配置更多时尚、流行的或更为知名品牌的商品这些差异化要素时，将会对其享乐性价值产生直接的正向影响。

基于上述理论，可以提出以下假设：

H1：感知商品差异与享乐性价值存在正相关关系

H2：感知商品差异与功用性价值存在正相关关系

（2）感知服务差异与购物价值

零售企业的服务已经普遍被认为能够有效提高顾客价值，Berman 和 Evans 就提出顾客服务水平、送货条件等零售服务要素都是零售企业价值链的一个环节，这些价值链的环节均能向顾客提供各种利益。在此基础上，顾客对这些价值链环节的感知与评价就会形成其感知购物价值，而这些环节上的差异化则相应地也会影响顾客的感知购物价值。零售商在服务差异化上的努力往往能对顾客的享乐性价值与功用性价值产生正向影响，如高档百货商场的优质个性化服务会给顾客带来更高的享乐性价值，如美国的诺德斯特龙（Nordstrom）就将百货店的服务发展到了极致，形成服务差异化，这些服务上的差异都会被顾客感知，给顾客带来很高的享乐性价值；此外，零售企业另一些服务差异化行为却能给顾客带来功用性价值，如自助式服务提高顾客的购物效率、一些附加服务也帮助顾客方便地完成购物等。

因此，感知服务差异与顾客的购物价值直接相关，Chenet、Dagger 和 Suvillian（2010）也提出服务差异化直接与顾客感知价值相关联，并对企业竞争优势、顾客认同与满意有正向影响，顾客很乐于体验到独特的差异化服务[98]。Cristini（1992）则进一步提出，顾客从服务中获取的利益不仅仅来自于服务本身各要素上的差异化优势，还来自于与目标顾客更多有效地沟通。这也就意味着不仅服务数量、服务质量、商品服务组合等差异化因素会影响顾客价值，有效沟通这一服务中的差异化要素也会影响顾客购物价值[99]。

基于上述理论，本研究提出以下假设：

H3：感知服务差异与享乐性价值存在正相关关系

H4：感知服务差异与功用性价值存在正相关关系

（3）感知环境差异与购物价值

商场位置、购物环境等零售企业的环境要素也是零售企业价值链的重要环节，与商品、服务等要素一样为零售顾客提供价值（Berman and Evans，2006）。Ward、Bitner 和 Barnes（1992）提出零售企业的物理环境可以划分为外部环境和内部环境两大类，外部环境指在进入零售销售与服务空间前的可视的环境要素，如停车场、商场入口等，而内部环境指零售商场销售空间内的可视的环境要素。不同商场在内外部环境上的相对重视程度、风格与类别上都会存在差异[100]，而这些差异会显著地影响消费者的心理与行为，特别是这些环境因素上的差异会对消费者的主观态度及价值判断产生正向影响（Kumar and Karande，2000）[101]。

Kaltcheva 和 Weitz（2006）在研究中进一步指出零售店铺的环境能够使顾客产生被激起的、愉快或不愉快的状态，而这种被激起、愉快或不愉快的状态在该研究中正是被定义为对外在刺激的一种享乐性的反应。因此店铺环境这一刺激要素上的差异自然会导致顾客产生不同的享乐性反应，也即影响顾客的享乐性价值。当这些设施、环境能达到顾客的目标时，就会产生愉快的反应，反之就产生不愉快的反应[102]。这也就意味着当商场的设计风格、店铺氛围等能够与其他商场形成差异，具有独特的风格或使顾客感觉更为舒适愉悦，将对顾客的享乐性价值产生正向影响。

此外，感知环境差异也可以提升顾客的功用性价值。如前述提到的外部环境的差别化举措（更为便利的停车场和出入口）、更明显简洁的商场布局、更突出的商品陈列与展示等可以帮助顾客更快、更方便地寻找到商品，有效提升顾客的购物效率，对顾客的功用性价值产生正向影响。

因此，本书提出以下假设：

H5：感知环境差异与享乐性价值存在正相关关系

H6：感知环境差异与功用性价值存在正相关关系

（4）感知促销差异与购物价值

Hardesty 和 Bearden（2003）提出零售企业的促销活动就是用于提升顾客的价值感知。零售商的销售促进活动无疑可以给顾客带来直接的利益，但各家商场促销活动中实际让渡给顾客的价值却往往存在差别，当顾客感觉到一家商场实际让渡的价值比其他商场更大时，就会提高顾客的功用性价值[103]。

但由于顾客对购物价值的判断具有一定的主观性，因此在实际提供的价值一定的条件下，不同促销方式给顾客带来的价值感知就会不同。零售商最为常用的促销方式就是价格折扣，但 Grewal，Krishnan 和 Baker（1998）就提出经常性的价格折扣方式会降低顾客的价值感知，也就是价格折扣容易使顾客对该品牌商品产生怀疑，或者对该种促销方式已经习以为常，从而难以产生兴趣，Gedenk 和 Neslin（1999）也提出降价销售尽管能使顾客当前的购买产生积极影响，但会对后续的品牌偏好产生负面影响[104]。Hardesty 和 Bearden 进一步验证了如果零售商采取赠品、奖金包等其他差别化的促销措施，反而可以增强消费者的感知价值，特别是享乐性价值。

零售商差异化的广告策略和公共关系策略也有助于提升顾客的感知购物价值。当零售商针对其目标顾客投放满足其诉求的广告时，将会使目标顾客对其的感知价值提升；Oppewal 和 Alexander 等的研究还提出零售商的企业社会责任活动等公关策略的表现会对顾客对该企业的感知购物质量产生积极影响，当一家企业在企业社会责任等公关活动上做得比其他企业更佳、更为当地消费者认可时，就形成了差异，便使顾客更容易推断在该商场购物能获得更高的功用性价值（如质量可靠等），从而增强该商场的吸引力。

因此，基于上述分析提出以下假设：

H7：感知促销差异与享乐性价值存在正相关关系

H8：感知促销差异与功用性价值存在正相关关系

综上所述，感知差异化各维度与享乐性、功用性价值的关系可总结如图 3－4 所示：

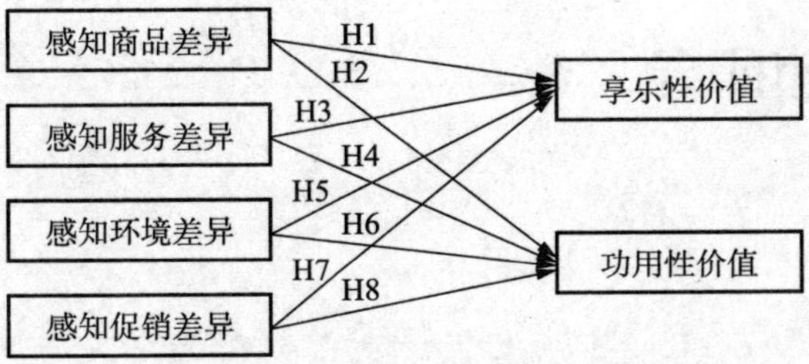

图 3－4 感知差异化各维度与购物价值的关系

3.4 店铺印象

1. 店铺印象的含义

不同学者对店铺印象（Store Image）的定义各不相同，其中被广泛接受的一种是由 Hirschman 提出的，该定义认为店铺印象是“顾客在原有知识和经验基础上对零售商各种明确或不明确要素的交互作用的总体评价与判读”[105]。Thang 和 Tan（2003）提出店铺印象是由顾客对店铺中的商品、店铺氛围、店内服务、易进入性、声誉、促销、设施等各要素的感知所构成的，在 S－O－R 理论中，商品、氛围、服务等这些要素都是外生的刺激，往往被认为是购买者行为的起点，店铺印象就是这些外在刺激因素给消费者留下的带有价值评价的记忆[106]，而 Chowdhury（1998）等的观点也进一步支持了 Thang 和 Tan 的观点，该研究中也提出气氛、便利性、价格/价值、产品质量、选择范围以及服务是影响店铺印象的核心因素[107]。这说明商品、氛围、服务、促销等因素并不是店铺印象的构成要素，而是影响要素，只有顾客对这些要素感知后的评价与记忆才构成店铺印象。

从上述影响店铺印象的核心因素可以看出，这些核心因素依然是围绕着零售组合中的商品、服务、环境、促销等要素，也就意味着零售组合要素对店铺印象的形成起着重要的作用。因此，店铺印象围绕着诸如商品质量、服务水平、购物环境等要素而形成，这些要素也正是定义中所提到的明确或不明确的要素（Grewal，Krishnan and Baker et al，1998）。

2. 感知差异化各维度与店铺印象的关联

在3.2节中，本书已经分析了感知差异化是顾客围绕着零售要素的差异化而产生的感知，而店铺印象是顾客对零售要素表现所产生的感知，因而顾客的感知差异化不可避免地会对其店铺印象产生影响。当顾客在这些要素上感知到差异化特征特别是纵向差异化特征时，将会对其店铺印象产生正向影响。

此外，在学术界普遍认为店铺印象是定位的后续结果，定位与店铺印象是对同一个现象解释的两种不同角度。店铺印象是指顾客心目中感知的零售商的地位，而定位则是侧重于零售商与其竞争者相比的竞争地位及策略，是管理与组织层面的概念（Morschett and Swoboda et al，2006）。定位常常被认为是企业实现差异化的最为基础的因素，Alice 和 Brian（2001）认为定位首先是明确产品、服务或品牌的类目，接着是明确与竞争者的区别，也就是找到它的差异点[108]。定位是在消费者心目中确立一个独特的位置，这个位置能将企业本身与其他企业区别开来。差异化是指在一个或者两个关键的维度上创造自己的产品或服务与其竞争对手的有形的或无形的差别，而定位是企业为确保这些差别能够在消费者的脑海中形成明显和重要位置而开发和实施的战略，因此定位就是为了帮助消费者清楚地感觉到这些差别而采取的方法（王方华、李乃和，2006）[109]。感知差异化与定位本身就存在着紧密的联系，因此也必然与店铺印象之间存在着联系。因此，感知差异化下的各维度也与店铺印象间存在相关关系。

Nevin 和 Houston（1980）提出商品是一家零售企业具有吸引力的中心要素，当零售商场具有商品质量更佳、商品选择范围更广或更有特色、商品的流行性时尚性更强等差异化特征时，顾客就容易形成感知商品差异，而这些差异能够更好地满足消费者的需要和欲望，商品上的有效差异化也就能够提升顾客偏好[110]。因此感知商品差异对顾客所感觉到的店铺印象具有积极作用。

因此，本书提出以下假设：

H9：感知商品差异与店铺印象存在正相关关系

顾客的感知服务差异也会对店铺印象产生影响，Cristini 提出当零售商针对其目标顾客提供有针对性的差异化服务时（如退换货政策、人员服务质量等），会使顾客在购物过程中体验到差异，进而影响其店铺印象。Bateson（1985）提出零售商场的服务配置、服务效率、服务可靠度和认可度会对顾客店铺印象产生影响，当顾客感知到这些突出、差异之处时，也会有效增进顾客的店铺印象。

因此，本书提出以下假设：

H10：感知服务差异与店铺印象存在正相关关系

店铺环境也是影响店铺印象一个重要因素，Kotler 早在 1973 年就提出零售店铺自身可以向顾客提供一种独特的环境或氛围，而这种独特的环境或氛围会影响顾客对该店铺的印象，并进而影响顾客的惠顾意愿[111]。Baker、Grewal 和 Parasuraman（1994）的研究中还进一步提出，顾客对店铺印象的特征的感知不仅会直接影响店铺印象，而且还会通过店铺环境推断该商场的商品质量与服务质量进而影响店铺印象[112]。当商场试图营造一种更具特色的差异化的环境氛围时，会使顾客更深刻地对该商场形成记忆，再配以比竞争对手更便利、更符合其个性化需求的设施、布局等时，就会增进其对该店铺的印象。

基于上述分析，可以提出以下假设：

H11：感知环境差异与店铺印象存在正相关关系

促销是吸引顾客光顾零售店铺并产生购买的手段，有助于引起公众对零售店铺活动的关注，Thang 和 Tan 就指出一个经过良好设计、策划与管理的促销活动可以使顾客建立起在该店铺购物“物有所值”的信念，从而对该店铺产生良好的店铺印象。当零售企业能够相较于其竞争对手向顾客提供更多、更实在的价值，并采取有效差别化的销售促进手段时，就会有效提升顾客对该店铺的印象。此外，针对目标顾客特定诉求的差异化的广告策略、公共关系策略等往往也有助于提升企业的声誉，从而改善消费者心目中的店铺印象。因此，本书提出以下假设：

H12：感知促销差异与店铺印象存在正相关关系

综上所述，感知差异化各维度与店铺印象的关联即可总结如图3-5：

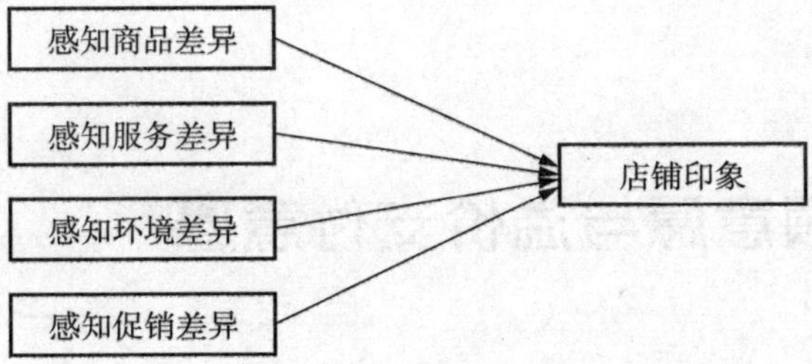

图3-5　感知差异化各维度与店铺印象的关系

3.5 惠顾意愿与溢价支付意愿

惠顾意愿（Patronage Intention）与溢价支付意愿（Willingness to Pay Price Premium）是本研究的最终结果变量，这是顾客实际购买行为的前导变量，惠顾意愿与溢价支付意愿有很大的可能性转变为顾客的实际购买。对于一家零售企业来说，其更为关注的是其销售业绩，而不仅仅是客流量。通常衡量企业业绩的两个重要指标即销售额和利润，销售额为销售量与价格的乘积，而利润则是销售额扣除成本后的余额，因此本书仅仅关注惠顾意愿还不够，因为惠顾意愿只能影响零售商场的客流量及购买量，却不能影响顾客愿意支付的价格，故本书同时引入溢价支付意愿的概念。

1. 惠顾意愿

了解顾客的惠顾行为是服务性企业成功的一个关键因素，惠顾行为主要指顾客对服务性企业的光顾并接受服务或购买商品的行为，购买行为主要指对实体商品的购买，惠顾行为与购买行为（Purchase Behavior）的概念相联系又相区别。惠顾意愿是顾客态度影响顾客惠顾行为的一个中介变量，在本研究中，惠顾意愿作为最终结果变量。根据 Dodds（1991）和 Zeithaml（1996）等学者的定义，惠顾意愿包括愿意去该商场购物的可能性以及将此商场推荐给其他人的可能性[113]，本研究中即采用这一定义。

享乐性价值与功用性价值等购物价值与惠顾意愿存在关联，Zeithaml（1988）的研究提出感知商品价值是顾客购买意愿和购买行为的初始驱动因素，同时顾客购物所花费的成本也直接影响顾客的惠顾意愿。Donovan (1982) 等人的研究已经表明享乐性价值这类的情感性体验是惠顾意愿这类的进入或回避动机重要的先导因素[114]，Wakefield 和 Barnes 的研究进一步证明了这点[115]。

而功用性价值是在顾客完成产品购买任务过程中形成的，当消费者在零售商场中能够快速有效地完成其购物任务，即会获得较高的功用性价值，而这类顾客往往还会倾向于继续来此商场购物以维持高效率，因此消费者感知到的功用性价值越高将会具有更强的惠顾意愿。Chitturi、Raghunathan 和 Mahajan（2008）的研究证明了享乐性价值与功用性价值可以促进顾客口碑及惠顾意愿、购买意愿的形成[116]。

而店铺印象则被众多学者认为是直接影响顾客惠顾的重要因素。Berry 早在 1969 年就提出店铺印象已经被广泛认为是百货店惠顾意愿的重要影响因素[117]。Grewal、Krishnan（1998）等人的研究中也提出感知价值与店铺印象均与顾客购买意愿、惠顾意愿之间存在正相关关系，也即店铺印象越好，惠顾意愿越强烈[118]。当顾客在零售商场中对商品、服务、环境、促销等各方面因素均有良好的印象与评价，将很容易产生再次光临并在此家商场购物的意愿。

2. 溢价支付意愿

所谓价格溢价（Price Premium）也就是企业所索取的相对于同行业类似产品或服务、相对于商品或服务本身成本较高的价格，经济学中通常将价格溢价定义为超出行业平均利润的价格（Shapiro，1983）[119]，而在管理学中通常指对某一产品收取的超出多个不同销售者所收取的平均价格的货币金额（Ba and Pavlou，2002）[120]。溢价支付意愿在本书中也就指顾客是否愿意在某商场就同一或同类商品、服务支付相对其他同类商场平均价格更高的价格。

Chaudhuri 等的研究中提出顾客感知到的高价值会促进顾客溢价支付意愿的产生，只有顾客感觉到该商场有值得付出的价值，才会愿意支付更高的价格。这也就意味着，当零售企业能够向顾客提供更高的享乐性与功用性价值时，顾客的溢价支付意愿可能会随之提高。于立宏和郁义鸿（2007）的研究也提出提升客户价值会提高客户的支付意愿[97]。但感知购物价值并不能单独作用，也不是必然的联系，还需要其他因素的共同作用。这些其他因素中，一个重要的因素是店铺印象，Zeithaml（1996）等人的研究认为，顾客若对一家店铺的印象、评价好于对其他店铺，则会产生购买更多、支付更高的价格等行为倾向[121]。

Persson（2010）经过实证研究认为品牌印象可以促使价格溢价的形成，该研究从品牌资产链的角度解释品牌印象对价格溢价的影响过程。Keller 和 Lehman（2003）提出品牌资产包括品牌印象、品牌实力及品牌价值[122]，这三者间的因果关系是目标顾客对品牌特定属性如何感知（品牌印象）影响他们如何评价该品牌以及在市场上对该品牌采取什么行为（品牌实力），最终将影响拥有该品牌的企业的长期经济价值。品牌实力中的两个最主要的维度是品牌忠诚与价格溢价[59]，这也就意味着品牌印象对价格溢价起着重要的影响作用，推而广之，可以假设零售商场的店铺印象对顾客的溢价支付意愿有影响作用。

3.6 中介变量：场所依赖

3.5 节中阐述了购物价值、店铺印象与惠顾意愿、溢价支付意愿之间存在相关关系，但对于这些潜变量之间的影响机理，学者们的研究提出了不同观点。Grewal、Krishnan（1998）等学者认为感知购物价值会直接影响顾客的购物意愿，但 Pitts 和 Woodside（1984）却认为价值可以直接影响消费者的选择标准，但不能直接影响消费者的购买意愿及购买行为[123]。在 3.1 节提出的本研究思路中已经阐明，购物价值对惠顾意愿及溢价支付意愿的影响可能会受到情感因素的中介，本节就重点探讨一种特殊的情感因素——场所依赖在购物价值、店铺印象与惠顾意愿、溢价支付意愿之间的作用。

1. 场所依赖的含义

人文地理学、环境心理学和社会学的研究发现人与某些特定地方存在一种特殊的情感联系是一个广泛存在的客观现象，例如海外华侨对祖国的情感、游客对某些旅游景点的特殊偏好等等（黄向、保继刚等，2006）[124]。这些领域的学者们基于这些现象构建出了“场所依赖（Place Attachment）”这一构念来阐述这些现象，最早由 Williams、Patterson 和 Roggenbuck（1992）正式提出这一概念[125]。

场所依赖通常被认为包括两个维度：场所认同（Place Identity）和场所依靠（Place Dependence）。场所认同强调精神性依赖，指个体与客观环境依靠与该环境有关的个人有意或无意的记忆、想法、感觉、态度、偏好、价值观、目的等的认知而形成一种依赖关系。场所认同是人与某地或设施的一种重要的象征性的关联，个人往往会对能反映自身身份或自身主张的场所产生认同（Stedman，2002）[126]。此外还有研究中提出“情感性依赖”的概念，但这一概念往往认为可一并纳入场所认同来进行测量与分析。而场所依靠是指一种功能性依赖，体现了该场所资源及其提供的设施对想要开展的活动的重要性（黄向，保继刚等，2006），也即个人对该场所满足其功能性需要程度的评价。场所依靠和场所认同是相互联系但又有明显区别的两个概念。

Scannell 和 Gifford（2010）提出场所依赖具有三重属性，即同时具有情感、认知及行为的属性[127]。

场所依赖作为人与场所、地域的一种连接，不可避免地要涉及情感上的联系，环境心理学者们往往主张情感在人与地的关联中具有中心地位，在定义中将场所依赖描述为一个表示情感的术语，如 Hummon（1992）将场所依赖定义为对某一场所的情感型的投资，Brown（2003）将其描述为“一种自豪感和普遍的幸福感”[128]，尽管人与场所往往存在正面和负面两方面的情感联系，但场所依赖一般被定义为一种积极的情绪，即个人对接近某场所并在其中体验积极的情感的欲望。

场所依赖也是一种认知，如前述提到的场所认同的概念就是一种认知，是人从场所中产生的记忆、信念、知识、价值判断等，例如当个人发现并提取出自身与场所的相似之处时，就会形成其对场所环境的认知，并将其吸收进个人的自我概念中。场所依赖还是一种行为，是一种对场所持续接近的行为。支撑场所依赖是一种行为的论据来自于 Hay（1998）等的关于居留时长及返回所花费的努力的研究，如海外华侨的思乡归国行为、宗教信徒的朝圣行为等，这都是场所依赖的行为表现[129]。

消费者对零售商场往往也会产生场所依赖，也同样表现为三种层面，在零售业的实践中也往往存在着消费者很依恋某一商场、特别钟爱推崇某个商场、特别愿意甚至花费很大成本去某些商场购物的现象，但在过去的研究中较少关注场所依赖这一现象。但由于本书总体上是对消费者心理层面的研究，因此在本节中将场所依赖定义为情感和认知层面，而不涉及行为层面。

2. 场所依赖在购物价值与惠顾意愿之间的中介作用

针对购物价值与惠顾意愿之间的关系，Goldsmith 等（1989）提出价值并不能完全直接地对消费者行为产生影响，但是可以通过信念、态度等因素的形成来影响消费行为[130]，因此场所依赖作为一种人对场所的认知，必然会在购物价值与惠顾意愿之间作为信念、态度的一种而产生作用。

Allard 和 Babin 等人的研究认为由于场所依赖的形成是基于对环境的认知性的或情感性的联系，是对一系列场所外在刺激物的一种反应模式，而这种刺激正是场所所带来的享乐性与功用性价值，同时场所依赖的形成离不开场所或环境的设计因素、服务因素等，而这些因素也构成了场所的享乐性价值和功用性价值，因此理论上可以认为享乐性价值和功用性价值对于场所依赖的形成有一定影响。Stokols 和 Shumaker（1981）发现当一个场所能够提供其目标达成所需要的资源并且这些资源可以经常使用时，就会形成场所依赖，根据 3.3 节中对功用性价值的定义，个人的目标达成正是其功用性价值实现的表现，因此功用性价值可以促进场所依赖的形成[131]。Yuksel（2010）提出当某一环境能够更有效地帮助个人实现社会性的互动或参与其喜欢的娱乐消遣活动时，将会导致对环境依赖的形成。这也就意味着娱乐消遣活动、社会交往等享乐性价值的实现对场所依赖起着推动作用[132]。

Brocato（2006）通过对服务业的场所依赖的先导及后续因素进行大量实证研究，认为场所认同和场所依靠对惠顾意愿具有明显的正相关关系，认为场所依赖的直接结果就是惠顾意愿的形成[133]。Yuskel 等也援引 Hotel（2004）等的观点，认为创造顾客对场所的依赖感是一个增加顾客惠顾和企业利润的有效手段。综合上述理论，可以推断场所依赖起着连接享乐性价值、功用性价值与惠顾意愿的作用，即起着中介作用。

因此，享乐性与功用性购物价值对顾客惠顾意愿不仅具有直接的影响，而且还存在享乐性与功用性价值通过影响场所依赖进而影响惠顾意愿的形成。相对于直接影响，通过场所依赖影响顾客惠顾意愿的过程相对更为感性。

因此，本研究提出以下假设：

H13：享乐性价值与惠顾意愿具有正相关关系，且场所依赖是中介变量

H14：功用性价值与惠顾意愿具有正相关关系，且场所依赖是中介变量

3. 场所依赖在店铺印象与惠顾意愿中的中介作用

Brocato 研究了服务企业顾客场所依赖的形成机理，该研究提出店铺的服务、设计、氛围、雇员等因素的好坏直接影响场所依赖的形成，而服务质量、设计、氛围、雇员等因素的好坏正是店铺印象的构成要素，因此店铺印象对场所依赖存在直接影响。Orth 和 Green（2009）认为零售商场的店铺印象对顾客对该商场的信赖、依赖起着直接的影响，当顾客对某商场产生良好的店铺印象时，便会产生信赖、依赖，也即一定程度上的场所依赖[134]。Saleh（1998）也提出场所的印象特别是可视的印象会对个人的场所认同产生积极影响[135]。因此可以认为场所依赖与店铺印象之间存在直接的相关关系。

而如前所述，场所依赖也被认为与惠顾意愿存在直接的正相关关系。因此店铺印象对惠顾意愿产生影响的作用机理有两种，一是店铺印象直接影响惠顾意愿，另一种是店铺印象通过场所依赖进而影响惠顾意愿。因此，本研究提出以下假设：

H15：店铺印象与惠顾意愿存在正相关关系，且场所依赖是中介变量

4. 场所依赖与溢价支付意愿

场所依赖是人对某场所的一种特殊情感，是人对场所的一种精神依

赖、认可。Ba 和 Pavlou（2002）的研究认为顾客对商家的信赖、认可可以带来溢价支付意愿，因为信赖可以降低交易中的风险，所以消费者愿意在其有依赖感、归属感的商场为商品、服务支付更高的价格。此外，Chaudhuri 的研究中提到顾客与店铺间的良好情感也会与顾客购物价值一同影响溢价支付意愿，场所依赖作为一种人与地之间的特殊的依赖情感、而且是一种更具有综合性的情感，必然会对顾客的溢价支付意愿产生影响。在之前对场所依赖的定义中已提及，场所依赖往往还表现为顾客愿意花费更大的代价（包括货币成本、精力成本、时间成本等）而光顾某一场所，其中的愿意付出更高的货币成本即为溢价支付意愿的表现，因此，场所依赖与溢价支付意愿之间存在直接的关联。

因此，顾客评价三要素（享乐性购物价值、功用性购物价值、店铺印象）对溢价支付意愿也同时存在着两种影响途径，一条是其自身对溢价支付意愿的直接影响，另一条则是通过场所依赖的中介作用进而影响溢价支付意愿。

基于上述理论，本研究提出以下假设：

H16：享乐性价值与溢价支付意愿存在正相关关系，且场所依赖是中介变量

H17：功用性价值与溢价支付意愿存在正相关关系，且场所依赖是中介变量

H18：店铺印象与溢价支付意愿存在正相关关系，且场所依赖是中介变量

综合前述假设，购物价值、店铺印象与惠顾意愿、溢价支付意愿的关系以及场所依赖的中介作用可总结如图 3－6 所示：

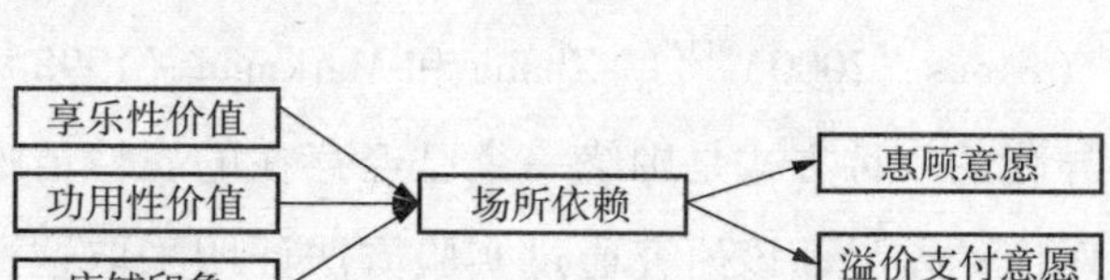

图 3－6　场所依赖的中介作用

3.7 结构对应与偏好模糊的调节作用

1. 结构对应性

结构对应（Structural Alignment）这一概念来自于心理学，用于分析人类的比较过程。这一理论最早见于 Markman 和 Gentner（1993）的研究[136]。该研究提出品牌间可认知的差异有两种，一种称为可对应的差异，是指两个品牌或项目间在某些二者共有的特征上所被感知到的明显区别，也就是当这两个项目在一个共同维度上被感知到的差异，如两种同类商品，一种为纸袋包装，一种为盒装，这些特征都是服务于同一功能、围绕同一个维度的，这种差异即为可对应的差异；另一种差异则为不可对应差异，即不是关联于一个共同属性的差异，例如一种饮料被描述为奶油味，而另外一种被描述为甜味，二者之间的差异不是基于同一个维度，无法进行直接比较。

通常研究者认为共同之处与可对应的差异在判断相似性与差异性中起着比不可对应差异更重要的作用，因为在结构上直接对应的项目比较起来相对更为容易（Kraus，2000）[137]。Zhang 和 Markman（1998）也证明，品牌实现有效差异化的一种方式是围绕一个已经存在的属性清晰地提供突出的、优秀的可对应的差异，该研究通过实验方法证明采取这种方式的企业将比那些也有同样吸引力但提供的是不可对应差异的企业取得更大的市场成功，原因在于可对应的特征可以使消费者更容易地观察和回想起该品牌或产品相对于现有竞争者的优越性[138]。

该理论中提到的差异需要被消费者感知，根据消费者的偏好进而引起消费者的感知价值以及对该品牌的印象。这也就意味着结构对应性对感知差异化和感知价值之间的关系起着调节作用。

零售商在实施差异化中也存在可对应的差异和不可对应的差异。例如同一商品的不同折扣幅度、同种服务的不同服务质量即为可对应的差异，而各店铺不同的装修风格则是不可对应的差异。基于上述理论，本书提出以下假设：

H19：结构对应会增强感知差异化与功用性价值间的关系

H19a：结构对应越明显，感知商品差异与功用性价值间的关系会越强

H19b：结构对应越明显，感知服务差异与功用性价值间的关系会越强

H19c：结构对应越明显，感知环境差异与功用性价值间的关系会越强

H19d：结构对应越明显，感知促销差异与功用性价值间的关系会越强

H20：结构对应会增强感知差异化与享乐性价值间的关系

H20a：结构对应越明显，感知商品差异与享乐性价值间的关系会越强

H20b：结构对应越明显，感知服务差异与享乐性价值间的关系会越强

H20c：结构对应越明显，感知环境差异与享乐性价值间的关系会越强

H20d：结构对应越明显，感知促销差异与享乐性价值间的关系会越强

2. 偏好模糊性

在前面提及的理论中，实际上暗含一个潜在假设，即：顾客的偏好是外生的，而且是已经有序排列的、明确的。因此在这一基础上，顾客可以沿着同一个差异化的维度来判断结构对应的项目各自所带来的利益及其偏好并进行选择。例如，在汽车行业中高油耗与低油耗之间的偏好，这种偏好就是明确的。但是在很多实际情况中，消费者并没有任何先验的理由或知识来判断偏好哪种水平或哪种类型，消费者自己也无法描述清楚他们的偏好顺序，因此这种情况就称之为偏好模糊。例如制造商声称其产品含有丰富的维生素 A，但另一种品牌则声称含有丰富的维生素 B 或 D，当消费

者不知道维生素A、B、D各自代表什么、具有什么样的功能和价值时，就产生了偏好模糊（Preference Ambiguity）（Kraus，2000）。

前人研究在假定偏好有序的基础上提出可对应的差异使其更易被记住，而且能够清晰的判断出选择的价值，但是在偏好模糊的情况下，可结构对应的差异的效果就将发生变化。结构对应性差异的效果还依赖于偏好是否有序，当偏好模糊时，消费者将降低其关联感，感受不到该属性的重要性，也就不能提升其感知价值，最终导致其难以做出购买决定。所以偏好模糊将会降低消费者对某一差异化特性的关注度，并不作为其购买决策中的重要考虑因素。

零售商经营中常常要面临偏好模糊的消费者，一方面消费者对零售商所销售的商品间的差异存在偏好模糊，另一方面对于零售商提供的服务、不同零售商的品牌形象也存在偏好模糊。根据前述理论，由于偏好模糊的存在，将会使顾客感知到的享乐性与功用性价值受到抑制，对零售店的惠顾意愿也会受到影响。

因此，本书提出以下假设：

H21：偏好模糊性越强，感知差异化对享乐性价值的影响将被削弱

H21a：偏好模糊性越强，感知商品差异对享乐性价值的影响将被削弱

H21b：偏好模糊性越强，感知服务差异对享乐性价值的影响将被削弱

H21c：偏好模糊性越强，感知环境差异对享乐性价值的影响将被削弱

H21d：偏好模糊性越强，感知促销差异对享乐性价值的影响将被削弱

H22：偏好模糊性越强，感知差异化对功用性价值的影响将被削弱

H22a：偏好模糊性越强，感知商品差异对功用性价值的影响将被削弱

H22b：偏好模糊性越强，感知服务差异对功用性价值的影响将被削弱

H22c：偏好模糊性越强，感知环境差异对功用性价值的影响将被削弱

H22d：偏好模糊性越强，感知促销差异对功用性价值的影响将被削弱

3.8 顾客介入的调节作用

介入理论最早用于传播学的研究，主要是指顾客对某种商品、广告等的关注程度，高介入度即意味着顾客对此有更宽泛、更深入的关注。而在服务领域、零售业的研究中，则通常被理解为顾客对店铺的一系列属性的依赖以及这些属性对顾客的重要性。Arora 的一项研究中通过梳理 Howard、Rothschild 等大量前人的研究文献，总结出顾客介入所包含的内容：①自我的介入态度，即自己是否愿意介入某标的物、更关注某标的物；②特定属性、物体对顾客的重要程度；③劝说性沟通的效果对个人介入的依靠程度，也即劝说性的沟通（如劝说性广告）对顾客能产生多大效果，个人介入度越高，劝说性沟通效果往往被削弱[139]。

Assael（1998）提出顾客介入一直被认为是影响态度和行为倾向（意愿）间关系的一个关键调节变量，即顾客介入会对态度与行为倾向间关系的强度增强或削弱[140]。在本研究中所涉及的享乐性价值、功用性价值、店铺印象均属于具有态度性质的认知变量，而惠顾意愿及溢价支付意愿均是行为倾向（意愿），场所依赖则属于兼有态度与行为倾向两重属性的变量。

Rokeach（1968）最早提出顾客的价值系统是由一系列具有不同重要性的价值构成的，而这种重要性正是受到顾客介入因素的影响[141]。当顾客介入程度低时，顾客了解的信息、关注度等都相对较低，一些非本质的、形式上的价值就可以引起较大程度的场所依赖、惠顾意愿；而当顾客介入程度高时，由于顾客已对该店铺较为熟悉、关联程度、重要程度已经较大，因此只有更大的本质性、关键性的价值才能引起顾客场所依赖及惠顾意愿程度的增加，因此此时感知购物价值对场所依赖及惠顾意愿的影响是削弱的。Bloch 和 Richins（1983）提出高介入度的顾客往往伴随着对所使用的产品具有高价值结果的要求，即高介入度的顾客会对其所购买的产品或服务具有更高的价值要求[142]，Shao 和 Baker（2004）等也提出当顾客感觉到某一情形（地点、商品等）对自己关联越大，那他的介入度就会越高，而介入度越高，消费者就会在针对该商品或情形的信息搜集与处理过程上花费越大的努力，因此对于一个高介入度的顾客，由于其会进行更为仔细、努力的信息搜寻，并会详细审视零售商所提供的价值，因此享乐性价值、功用性价值对场所依赖及惠顾意愿的影响程度会削弱[143]。

Brocato 的研究中提出顾客介入对顾客满意、服务质量与场所依赖具有调节作用，顾客介入可以增强顾客满意、服务质量等对场所依赖的影响程度，而顾客满意、服务质量这些因素也是店铺印象的构成要素，这也就意味着店铺印象与场所依赖的关系也受到顾客介入的调节作用，顾客介入可以增强店铺印象与场所依赖间的关联。

Steenkamp 和 Heerde（2009）认为顾客介入对顾客的感知质量等功用性价值与溢价支付意愿的关系起着调节作用，当顾客介入度越高时，顾客对其所购产品的关注越多，也就对功能性、社会性、心理性的结果要求越高，因而导致功用性价值、享乐性价值等对溢价支付意愿的影响程度削弱[144]。Puccinelli、Goodstein 和 Grewal（2009）等提出顾客介入会对广告中的参考价格与顾客的内心参考价值的关系产生削弱作用，也就使当顾客介入高时，顾客越不容易将广告中提出的参考价格变成自己认可的内心价格，也即不愿意支付更高的价格。此外，高介入度的顾客对同一商品或服务而要求更高的享乐性价值，例如当高介入度的顾客要购买同一个昂贵的商品，他会倾向于选择一个具有更高享乐性价值、具有更好声望的百货商场，因此此时要实现溢价支付意愿的一定提升程度，就要求更高享乐性价值的提升程度，也即享乐性价值对溢价支付意愿的影响程度被削弱[145]。

基于上述理论，本研究提出以下假设：

H23：顾客介入程度越高，享乐性价值对场所依赖的影响程度将被削弱

H24：顾客介入程度越高，功用性价值对场所依赖的影响程度将被削弱

H25：顾客介入程度越高，店铺印象对场所依赖的影响程度将会增强

H26：顾客介入程度越高，享乐性价值对惠顾意愿的影响程度将被削弱

H27：顾客介入程度越高，功用性价值对惠顾意愿的影响程度将被削弱

H28：顾客介入程度越高，享乐性价值对溢价支付意愿的影响程度将被削弱

H29：顾客介入程度越高，功用性价值对溢价支付意愿的影响程度将被削弱

3.9 理论模型与作用机理总述

经过理论分析，本书共提出45条假设（29条主假设，16条子假设），这些假设可总结如表3－2：

表3－2　本书研究假设总结

编号	研究假设
H1	感知商品差异与享乐性价值存在正相关关系
H2	感知商品差异与功用性价值存在正相关关系
H3	感知服务差异与享乐性价值存在正相关关系
H4	感知服务差异与功用性价值存在正相关关系
H5	感知环境差异与享乐性价值存在正相关关系
H6	感知环境差异与功用性价值存在正相关关系
H7	感知促销差异与享乐性价值存在正相关关系
H8	感知促销差异与功用性价值存在正相关关系
H9	感知商品差异与店铺印象存在正相关关系
H10	感知服务差异与店铺印象存在正相关关系
H11	感知环境差异与店铺印象存在正相关关系
H12	感知促销差异与店铺印象存在正相关关系
H13	享乐性价值与惠顾意愿具有正相关关系，且场所依赖是中介变量
H14	功用性价值与惠顾意愿具有正相关关系，且场所依赖是中介变量
H15	店铺印象与惠顾意愿存在正相关关系，且场所依赖是中介变量
H16	享乐性价值与溢价支付意愿存在正相关关系，且场所依赖是中介变量
H17	功用性价值与溢价支付意愿存在正相关关系，且场所依赖是中介变量

续表

编号	研究假设
H18	店铺印象与溢价支付意愿存在正相关关系，且场所依赖是中介变量
H19	结构对应会增强感知差异化与功用性价值间的关系
H19a	结构对应越明显，感知商品差异与功用性价值间的关系会越强
H19b	结构对应越明显，感知服务差异与功用性价值间的关系会越强
H19c	结构对应越明显，感知环境差异与功用性价值间的关系会越强
H19d	结构对应越明显，感知促销差异与功用性价值间的关系会越强
H20	结构对应会增强感知差异化与享乐性价值间的关系
H20a	结构对应越明显，感知商品差异与享乐性价值间的关系会越强
H20b	结构对应越明显，感知服务差异与享乐性价值间的关系会越强
H20c	结构对应越明显，感知环境差异与享乐性价值间的关系会越强
H20d	结构对应越明显，感知促销差异与享乐性价值间的关系会越强
H21	偏好模糊性越强，感知差异化对享乐性价值的影响将被削弱
H21a	偏好模糊性越强，感知商品差异对享乐性价值的影响将被削弱
H21b	偏好模糊性越强，感知服务差异对享乐性价值的影响将被削弱
H21c	偏好模糊性越强，感知环境差异对享乐性价值的影响将被削弱
H21d	偏好模糊性越强，感知促销差异对享乐性价值的影响将被削弱
H22	偏好模糊性越强，感知差异化对功用性价值的影响将被削弱
H22a	偏好模糊性越强，感知商品差异对功用性价值的影响将被削弱
H22b	偏好模糊性越强，感知服务差异对功用性价值的影响将被削弱
H22c	偏好模糊性越强，感知环境差异对功用性价值的影响将被削弱
H22d	偏好模糊性越强，感知促销差异对功用性价值的影响将被削弱
H23	顾客介入程度越高，享乐性价值对场所依赖的影响程度将被削弱
H24	顾客介入程度越高，功用性价值对场所依赖的影响程度将被削弱
H25	顾客介入程度越高，店铺印象对场所依赖的影响程度将会增强
H26	顾客介入程度越高，享乐性价值对惠顾意愿的影响程度将被削弱
H27	顾客介入程度越高，功用性价值对惠顾意愿的影响程度将被削弱
H28	顾客介入程度越高，享乐性价值对溢价支付意愿的影响程度将被削弱
H29	顾客介入程度越高，功用性价值对溢价支付意愿的影响程度将被削弱

基于上述所有假设，本研究可以总结出零售企业的感知差异化因素对顾客惠顾意愿及溢价支付意愿的影响机理模型，如图3－7所示。

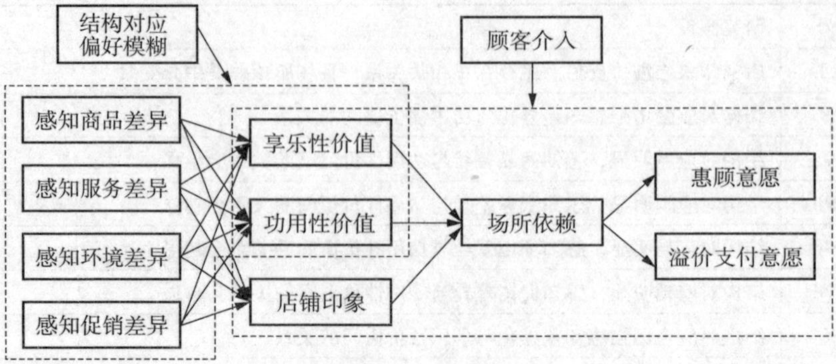

图 3-7　本书的理论模型

在前人研究基础上，本书总结出一个感知差异化及其构成维度对顾客惠顾意愿及溢价支付意愿影响机理的假设模型。本研究的起点为感知差异化，下分四个维度：感知商品差异、感知服务差异、感知环境差异及感知促销差异。当顾客进入零售商场，在体验过程中会对零售商的差异化行为产生感知，即形成感知商品差异、感知服务差异、感知环境差异、感知促销差异。产生感知差异化后，顾客会进一步对其进行价值判断，从而形成享乐性价值及功用性价值。通常顾客的感知差异化会对顾客的感知价值产生正向影响，即感知差异化程度越高，带给顾客的享乐性价值和功用性价值就越大，特别是零售商的纵向差异化行为更能有效提升顾客的感知购物价值。同时感知差异化还会让顾客形成记忆，即一种带有认知性质的记忆——店铺印象，感知商品差异、感知服务差异、感知环境差异、感知促销差异越强，店铺印象就越好。

顾客的享乐性价值、功用性价值、店铺印象会进一步影响其顾客的惠顾意愿和溢价支付意愿。除了直接影响外，享乐性价值、功用性价值、店铺还会通过场所依赖的中介作用来影响惠顾意愿和溢价支付意愿。场所依赖是人与场所的一种特殊情感联系，是顾客惠顾和溢价支付意愿的一个重要推动因素。当享乐性价值与功用性价值越高、店铺印象越好，场所依赖程度就越高，从而使惠顾意愿和溢价支付意愿提升，从而实现差异化的最初目的——吸引顾客、降低顾客的价格敏感度、获取价格溢价。

顾客感知差异化对享乐性价值、功用性价值影响过程中，还会受到差异化的结构对应性及顾客的偏好模糊性的影响。当零售商差异化的结构对应性较低时，顾客难以对其进行直接比较，因而无法明确判断其价值，从而会削弱其享乐性价值及功用性价值的形成，而结构对应性高则有利于价值的形成。顾客也并不是完全是偏好明确、有序的，当顾客的偏好模糊性强时，也会造成感知差异化所形成的价值被削弱。

顾客场所依赖的形成过程中也会受到顾客介入程度的影响，顾客介入度越高意味着顾客认为该零售商场的重要性、关联性越强，因而也就对该商场有更高的价值要求，所以削弱享乐性价值、功用性价值对场所依赖的影响，也削弱对惠顾意愿和溢价支付意愿的影响，但却能增强店铺印象对场所依赖的影响。

第4章

实证数据搜集

第3章中提出的理论模型是基于前人研究结果推演出的一个概念模型，该模型是否符合消费者的实际行为还需要进一步的实证检验。由于理论模型中所涉及的概念均为无法直接测量的潜变量，因此需要开发相应的可测量的指标，并对测量量表进行测试，最后进行大规模调查。

4.1 变量测量与量表开发

本研究共涉及5个层面、13个构念（潜变量），分别是感知差异化层面的感知商品差异、感知服务差异、感知环境差异和感知促销差异；顾客评价层面的享乐性价值、功用性价值与店铺印象，之所以称为顾客评价，是因为享乐性与功用性价值是顾客对差异化的主观评价，店铺印象是价值评价基础上的记忆；场所依赖变量单独作为一个层面；顾客意愿层面的惠顾意愿和溢价支付意愿；作为调节变量的结构对应、偏好模糊及顾客介入。

这13个构念的测量题项原则上采取借鉴国内外研究中已经经过验证的相同或相近构念的测量量表，因为经过学者验证的量表其信度和效度都会相对较好，特别是在国际权威期刊上所刊登的文献中的量表可靠性更强。在此基础上，本书根据所定义的构念的内涵来对测量题项进行一定的调整。

为使所采用的量表具有更好的效度和信度，本书采取目前国际主流研究中较为通行的量表开发方式，如图4-1所示：

从图4-1可以看出，本书的量表开发采取五步方式，首先明确各个构念所需要的测量领域及范围，这主要通过第3章中对各个构念进行定义及阐述中明确其内涵及所需要测量的范围；第二步进行具体测量题项的生成，测量题项原则上来源于国内外现有研究中已经经过验证的量表，对个别未被测量过的构念采取从相近或相似构念借鉴调整的方式；第三步对量

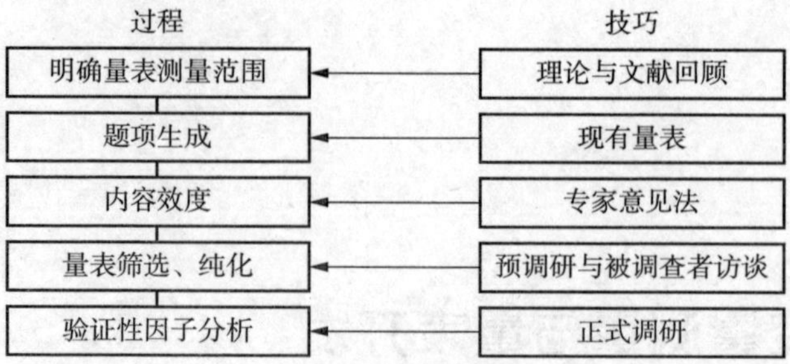

图4-1　量表开发与验证程序及方法

表的内容效度进行审核，即是否适合于测量该构念，这一步主要采取专家意见法，邀请相关学者及实践者进行审核鉴别；第四步通过预调研进行量表的纯化，对预调研中出现的问题进行改进，并与部分被调查者进行访谈，提出修改意见；最后将修改后的量表进行探索性、验证性因子分析，最终确定量表。本章的主要任务是进行上述量表开发过程的第二步，即在第3章对构念的阐述及定义的基础上开发出具体的测量题项。

1. 感知差异化层面变量的测量

（1）感知商品差异的测量

根据感知商品差异的定义，感知商品差异所需测量的内容主要包括：①顾客感知到的商品组合宽度和深度上的差异，即顾客感觉到的零售商场的商品数量、商品品类上的差异；②商品定位上的差异，即顾客感知到的商品质量、流行性及品牌形象上的差异；③新产品推出上的差异，即顾客感知到的新产品数量及推出速度的差异；④自有品牌商品的开发所形成的差异。

Smith、Venkatraman 和 Wortzel（1995）首先开发了商品差异化的测量量表，提出商品差异化的测量应该包括品牌数量与其他业态或店铺的差异、对知名品牌的重视、引进所经营品类的新商品的速度[146]。Naidoo（2010）也对商品差异化进行了测量，用推出新产品的速度、产品质量上胜于竞争者来进行测量。Li 和 Zhou（2010）则认为商品差异化的测量包括提供给顾客更优的商品、商品的独特性[147]。根据上述提及的测量要素以及本书对感知商品差异的定义，对这些测量题项进行调整，从顾客感知的角度进行描述，共纳入6个题项，如表4－1所示：

表4－1　感知商品差异（PM）的测量题项①

题项编号	测量题项	来源
PM1	这家商场相比其他商场有较多新产品	Smith，Venkatraman 和 Wortzel（1995）
PM2	这家商场商品选择范围相对同类商场更宽泛	
PM3	这家商场有较多知名品牌商品	
PM4	这家商场推出新产品的速度比其他商场要快	Naidoo（2010）
PM5	这家商场的商品质量比其他商场更佳	
PM6	这家商场有较多与其他商场不同的商品	Li，Zhou（2010）

（2）感知服务差异的测量

感知服务差异的测量主要从相近、相关的构念中根据本书对感知服务差异的定义来确定测量题项。Gebauer（2008）开发的服务差异化的测量量表采用了服务差异化程度、服务的价格水平、新服务的开发、对服务提供的强调、服务营销的密度等指标[148]，但该量表主要用于制造商的服务差异化的测量，对于零售商来说其服务价格往往不会单独体现，而是一并加入到商品价格中，因此服务价格水平不适宜零售企业的服务差异化的测量。Das 和 Joshi（2007）则用推出新服务的数量、对服务品牌识别的关注、服务的领先以及更快地推出服务来测量服务差异化。从顾客对这些服务差异化的感知角度来进行描述，即形成感知服务差异的测量量表。

综合上述测量指标，本书认为感知服务差异的测量要素应该包括：①顾客对提供的服务数量差异的感知；②顾客对服务水平差异的感知；③对新服务开发差异的感知；④对总体服务差别化程度的感知；⑤对顾客

① 感知商品差异的英文为 Perceived Merchandise Differentiation，为了后续数据处理及变量阐述的方便，本书取英文前两个单词的首字母来指代该构念，感知商品差异即用PM来指代。后续构念均按此方式进行指代。

服务的强调与关注。因此，感知服务差异的测量共纳入 5 个题项，如表 4－2 所示：

表 4－2 感知服务差异（PS）的测量题项

题项编号	测量题项	来源
PS1	这家商场比其他商场推出更多的服务	Gebauer（2008）；Das，Joshi（2007）
PS2	这家商场的服务水平比其他商场要高	
PS3	这家商场在当地同行中能率先推出新服务	
PS4	这家商场的服务使其很容易区别于其他商场	
PS5	这家商场很注重听取顾客的意见和需求	

（3）感知环境差异的测量

感知环境差异由于目前缺乏可直接使用的测量量表，因此主要根据本书中对零售店铺环境的定义、借助其他相关构念的测量题项来开发感知环境差异的测量量表。

根据第 3 章中对感知环境差异的定义，感知环境差异的测量应该包括顾客对店铺的装修设计差异化、陈列方式的差异化、店铺布局便利性、整体气氛的营造等方面差异化的感知四个方面。Berry（1969）提出店铺环境的测量要素应包括便利因素、店铺陈列与布局、店铺气氛等，Chaudhuri 和 Ligas（2009）在测量感知差异化中也提出好的店铺氛围是测量感知环境差异的一个重要指标。在此基础上，本书共选用 4 个题项来测量感知环境差异，如表 4－3 所示：

表 4－3 感知环境差异（PE）的测量题项

题项编号	测量题项	来源
PE1	这家商场的购物便利程度比其他商场更好	Berry（1969）；Chaudhuri 和 Ligas（2009）
PE2	这家商场的商品陈列方式让我感到更舒服	
PE3	这家商场的气氛让我感到更愉悦	
PE4	这家商场的装修设计风格很有特色	

（4）感知促销差异的测量

感知促销差异的测量主要集中在销售促进、广告及公共关系三方面的感知差异上，人员推销的差异更多地体现在服务的差异中。

Berry（1969）提出零售商的促销的测量要素包括销售促进中消费者获得的利益、广告的风格与质量，Naidoo（2010）在测量时差异化优势中采用了促销策略的新颖性这一指标，Li和Zhou（2010）在测量差异化战略中采取了广告和促销活动的有效性这一指标。在当今越来越注重企业社会责任的背景下，企业公共关系中的企业社会责任活动、公益活动也常常被认为是一种重要的差异化表现（Oppewal，Alexander and Sullivan，2006）。感知促销差异即可用顾客对促销获得利益差异的感知、广告促销的差别性的感知、促销信息易获得性的感知及公益活动差异的感知来测量。因此，本书开发出4个题项用以测量感知促销差异，如表4－4所示：

表4－4　感知促销差异（PP）的测量题项

题项编号	测量题项	来源
PP1	这家商场的促销活动中消费者实际获得的利益比在其他商场的高	Berry（1969）；Naidoo（2010）；Li&Zhou（2010）；Oppewal et al.（2006）
PP2	这家商场在公益活动上做得比其他商场更佳	
PP3	这家商场促销宣传信息比其他商场的更容易获得	
PP4	这家商场的广告促销活动可以使其有效地与其他商场区分开	

2. 顾客评价层面变量的测量

顾客评价层面包括三个潜变量，即享乐性价值、功用性价值和店铺印象。

（1）享乐性价值和功用性价值的测量

享乐性价值和功用性价值是一对相对应的构念，最早由Babin和Darden在1994年首先开发出正式的测量量表，后续大量学者在此基础上进行了完善调整，目前已经形成了比较成熟的测量量表。

①享乐性价值的测量量表

Babin 和 Darden 最初开发出的享乐性价值测量量表包括 11 个题项，后来经过开发者本身及其他学者后续的进一步测试及完善，认为享乐性价值的测量包括购物过程的愉快性、购物的主动性（想去而不是必须去）、对购物的偏好、购物过程中的体验及情绪等要素。由于该构念的测量量表已经很成熟，可直接从现有的量表中完全借鉴过来，本书倾向于选择 Jones、Reynold（2006）所采用的测量量表来进行本研究，包含 7 个测量题项来，如表 4－5 所示：

表 4－5　享乐性价值（HV）的测量题项

题项编号	测量题项	来源
HV1	在这家商场的购物过程让我很高兴	Jones，Reynolds & Arnold（2006）
HV2	来这家商场不是因为我必须来，而是我想来	
HV3	与其他我能做的事相比，花时间来购物更让我快乐	
HV4	我喜欢的是购物过程本身，而不仅仅是喜欢我想买的东西	
HV5	在购物过程中，我感受到了搜寻到中意商品的快乐	
HV6	在购物过程中，我有一种刺激新鲜的感觉	
HV7	在这里的购物过程是一次很好的消遣	

②功用性价值的测量量表

Babin 等开发的功用性价值的测量量表最初包含 4 个题项，分别是"在这家商场的购物过程中我能完成之前的计划""我在这家商场总能买我真正需要的东西""在这的购物过程中，我能找到我想寻找的东西""如果我需要去另一家商店才能完成我的购物，我会感到很失望"。Babin（2000）又在后续研究中提出需要增补上购物的快速性，即能给顾客节省时间所带来的价值[149]。Overby 和 Lee（2006）则进一步提出功用性价值的测量还必须加上购物的经济价值[150]。综合上述测量题项，本书中用 6 个题项来测量功用性价值，如表 4－6 所示：

表4-6　功用性价值（UV）的测量题项

题项编号	测量题项	来源
UV1	在这里的购物过程中我能完成之前的计划	Babin，Darden (1994)；Babin，Attaway (2000)；Overby，Lee (2006)
UV2	我在这家商场总能买我真正需要的东西	
UV3	在这的购物过程中，我能找到我想寻找的东西	
UV4	如果我需要去另一家商店才能完成我的购物，我会感到很失望	
UV5	在这家商场购物，我能节省时间	
UV6	在这家商场购物在经济上很划算，物有所值	

（2）店铺印象的测量

店铺印象已经是零售研究中的一个重要的变量，相关的测量量表也较多。关于店铺印象的测量，国外学者已经基本达成共识即测量顾客对零售店铺各要素的总体评价、总体印象，但在具体要素的选择上，不同学者开发的量表略有不同。Orth 和 Green 提出店铺测量的要素包括店铺气氛、便利性、价格/价值、产品质量、产品选择范围、服务等要素，Wu 和 Tian (2009) 提出店铺印象包括便利性、品牌因素、实体设施、感知价格、人员服务等测量要素[151]。Grewal 和 Krishnan 等（1998）提出店铺印象测量要素应该包括店铺气氛、购物体验、整体服务、商品质量、销售人员。本书认为由于店铺印象是顾客对店铺的总体评价和记忆，故更为倾向采用 Grewal 和 Krishnan 所开发的量表，且该量表所刊登的杂志 Journal of Retailing 更为权威，故采用此量表，共6个题项，如表4-7所示：

表4-7　店铺印象（SI）的测量题项

题项编号	测量题项	来源
SI1	这家商场是一个令人愉快的购物场所	Grewal，Krishnan & Baker et al. （1998）
SI2	在这家商场的购物体验很有吸引力	
SI3	这家商场的整体服务很好	
SI4	这家商场有品质很好的商品	
SI5	这家商场的销售服务人员能够给予不少帮助	
SI6	我对这家商场的印象很好	

3. 场所依赖的测量

场所依赖的测量量表目前也已经有大量的文献对其进行开发，特别是在旅游、人文地理等学科的研究中已有较为成熟的量表。Gross 和 Brown（2008）开发了完整的场所依赖的测量量表，该量表从精神性依赖（即场所认同）、功能性依赖（即场所依靠）两方面来测量场所依赖[152]。Yuskel（2010）等则还进一步提出需要增加顾客与场所的情感联系的测量题项。由于顾客与场所的情感联系往往和场所认同一并测量，因此本书主要选取 Gross 和 Brown 所开发的量表作为基础，共 4 个题项，如表 4－8 所示：

表 4－8　场所依赖（PA）的测量题项

题项编号	测量题项	来源
PA1	我很认可/认同这家商场	Gross，Brown（2008）
PA2	相比其他商场，我更爱来这家商场购物	
PA3	相比其他商场，我在这家商场购物满意程度更高	
PA4	这家商场能最好地满足我的需要	

4. 顾客意愿层面变量的测量

顾客意愿层面包括惠顾意愿和溢价支付意愿两个潜变量，现有研究中对这两个变量的研究较多，已有经过验证可直接使用的量表。

（1）惠顾意愿的测量

Grewal、Baker 和 Levy（2003）这三位国际零售研究的权威学者在 Journal of Retailing 这一零售研究的权威期刊上的一篇文章中提出了惠顾意愿的测量量表，其内涵与本书中所定义的惠顾意愿的内涵完全一致，因此本书直接采取这一量表，共包括 3 个题项，如表 4－9 所示：

表4-9　惠顾意愿（PI）的测量题项

题项编号	测量题项	来源
PI1	我很愿意再次光顾这家商场	Grewal，Baker & Levy et al.（2003）
PI2	我会继续在这家商场购物	
PI3	我会将这家商场介绍给我的亲戚朋友	

（2）溢价支付意愿的测量

溢价支付意愿是一种相对的意愿，是经过与其他同类商场或产品进行比较厚所形成的一种意愿，因此溢价支付意愿的测量需要建立在相对其他商品或服务的基础上。Chaudhuri 和 Holbrook（2001）开发出了溢价支付意愿的测量量表，包括与同类商场或产品相比愿意支付的价格以及面临低价吸引下的选择[153]，共2个题项，如表4.10所示：

表4-10　溢价支付意愿（WPP）的测量题项

题项编号	测量题项	来源
WPP1	相比其他同类商场，我愿意在这家商场支付略高一点的价格	Chaudhuri，Holbrook（2001）
WPP2	即使其他商场广告上有更低的价格，我还是更愿意在这家商场购物	

5. 调节变量的测量

本书中涉及的调节变量有三个，分别为结构对应、偏好模糊和顾客介入。

（1）结构对应与偏好模糊的测量

过去的研究中对结构对应与偏好模糊的测量往往是针对某一具体产品的测量，但对于整体零售商场整体的结构对应性和偏好模糊性用既往的对某一产品的测量题项已经不能适用，因此在本书中直接采用结构对应和偏好模糊的定义进行测量。结构对应即顾客对零售商之间差异化程度是否可以直接比较，顾客越能清晰地分辨某零售商与其他零售商之间的差异，则该店铺的差异化就越是结构对应的；偏好模糊则是指顾客是否能清楚地识别哪家商场在某一方面做得最优，即顾客自身对零售商的差异化是否能明确地识别出哪种为自己最偏好，顾客认为越不能识别出哪家在某一要素上做得最好，表明其偏好模糊性越强。结构对应及偏好模糊均要体现在零售企业的差异化因素上，因此结构对应的测量主要测量顾客是否能够判断出其最喜欢去的商场与其他同类商场在商品差异、服务差异、购物环境差异及促销差异程度的大小，偏好模糊主要用顾客是否能明确判断出其最喜欢去的商场与其他同类商场在商品、服务、环境及促销上哪家做得最好。结构对应与偏好模糊各四道测量题项，共八个题项。结构对应相应英文代码为 SA，偏好模糊的英文代码为 PR。

（2）顾客介入的测量

顾客介入的测量已有大量学者的进行了开发，其中大部分学者已经普遍认为顾客介入的测量至少要涉及两大要素：重要性和关联性，即某商场或商品对顾客的重要性及其与顾客的关联性（Brocato，2006；Arora，1994 et al.）。Gross 和 Brown（2008）提出顾客介入的测量包括吸引力、中心性和自我表达，吸引力在一定程度上反映重要性，中心性反映与自身的管理程度，自我表达反映出该商品或商场与自我诉求的匹配。综合上述测量题项，本书开发出顾客介入的测量量表，共个题项，如表 4－11 所示：

表 4－11　顾客介入（CI）的测量题项

题项编号	测量题项	来源
PI1	这家商场是我生活的一部分	Brocato（2006）；Gross & Brown（2008）
PI2	这家商场对我很重要	
PI3	这家商场与我关联程度很大	

上述测量量表均采取李克特（Likert）七级量表形式，由于五级及以上的李克特量表可视作连续型变量进行处理，因此是调查研究中最为普遍的量表形式，本书采用七级量表可以使不同等级间的差异更小，更接近于连续型变量。在本问卷中，1～7 级代表对每个题项中的表述的认同程度，1 为完全不同意，7 为完全同意，2～6 分别为基本不同意、有点不同意、不能确定、有点同意、基本同意。

调研问卷中除了理论模型中各构念的测量外，还需要对相关控制变量及人口统计变量进行测量，这些变量主要包括：被调查者性别、年龄、收入；被调查者在其最喜欢的一家商场的月均消费金额；被调查者家庭或工作地点与该商场距离远近；被调查者最喜欢的商场的名称、业态。综合上述题项并附以题干及题项说明，即形成完整的调研问卷，具体可参见附件。

4.2 量表验证与预测试

根据图4－1所表示的量表开发程序，本书还需要对量表进行验证，对其内容效度进行初步审查。

由于本研究的量表主体上是在国外研究文献基础上翻译、修正而得，因此在量表的翻译上需要进一步完善，尽量避免由于翻译而产生的错误和曲解。因此本书量表题项的翻译首先邀请两位具有海外学历背景的管理专业博士以及作者本人同时进行翻译，之后对翻译题项进行对比，找出其中不同之处并详细探讨原因，最后修改形成合适的译句。

量表的验证采取专家意见法的方式，就翻译完成的中文题项邀请三位企业管理专业毕业并从事营销与零售研究或在企业实际部门工作的博士对量表题项的内容的适合性进行考量，修正其中的不当之处，并提出增删意见，最后形成用于预调研的量表。

为验证量表的信度和效度，在正式研究之前需要进行一次预调研，同时还可以对论文理论模型进行初步估计。预调研主要在上海、北京、南昌、广州、海口等地对部分消费者进行调查，所获取的样本为方便样本，共搜集到160份问卷，其中有效问卷142份，主要针对量表中存在歧义或测量不恰当之处进行修正，并与10位被调查者代表进行访谈，对填写中存在疑义或难以作答之处提出意见，从而进一步完善问卷。同时还对所搜集到的数据进行探索性因子分析，剔除其中明显因子载荷过低的题项。最终共删除题项3题，修正调整10题，增补4题。预调研由于样本数量较少，并不一定能够完全有效的拟合出合理的模型，因此重点目的在于对量表进行进一步验证。通过预调研，本书形成供正式调研的问卷，即表4－1至表4－11中所列出的题项。

4.3 正式调研实施

1. 调研方法与过程

正式调研主要依靠一家总部在深圳的连锁零售企业来协助进行，派出大量员工协助进行问卷调查。该零售企业在全国 10 余个城市中拥有 42 家大型连锁商场，本次调查选择深圳、北京、长沙三个代表性城市。之所以选择这三座城市进行调查，主要是因为：①该公司在这三市均有连锁店，调查相对便利；②北京和深圳为全国一线城市，消费水平较高，也更接近最新潮流。而长沙为中部二线城市消费潮流的典型代表，将一线城市与二线城市结合更具有全面性。

调查全部采用拦截式调查，在一些零售商场中邀请消费者当场填写问卷并当场回收，让消费者按照他们心目中最喜欢去的零售商场的实际情况来对问卷中的题项进行回答。在该企业的配合下，正式调查于 2010 年 6 月至 2010 年 7 月进行，在调查中给每位参与填写问卷的顾客以一份小礼品，以提高被调查者的填写认真程度，提高数据质量。

2. 样本回收与样本分布

本次调查共发放 1443 份调查问卷，由于所搜集的问卷中不可避免地会存在无效问卷或数据质量不佳的问卷，因此有必要对所搜集的问卷进行筛选，保持数据的完整性及质量。本次研究中对无效问卷的界定是：①所有题项中有超过三个（不含三个）题项未作答，视为无效问卷；②连续五个及五个以上题项均勾选同一数值的问卷视为无效问卷，该类问卷可以被认为是未认真作答的问卷。对无效问卷数据予以直接删除。

经过筛选，得到有效问卷 1298 份，有效率 89. 95%，其中长沙有效问卷 372 份，北京 394 份，深圳 532 份。

所获得的样本有效问卷率较高，主要原因在于：①调查过程中首先征求被调查者的意见，是否愿意参与调查，不愿意者被初步筛选出去；②执行调查的人员多为商场销售服务人员，具有良好的服务培训，并执行过多次问卷调查，具有丰富的经验；③前述提到的赠送的小礼品具有一定的提高问卷质量的效果；④问卷的问题控制在三页纸以内，处于消费者可忍受的范围之内，因此完整率较高。

样本分布的分析首先要对问卷填写者的基本人口统计信息进行分析，具体分布如表 4 – 12：

表 4 – 12　所获得样本的人口统计信息分布

<table>
<tr><th>项目</th><th>类别</th><th>频数</th><th>比例</th><th>项目</th><th>类别</th><th>频数</th><th>比例</th></tr>
<tr><td rowspan="2">性别</td><td>男</td><td>480</td><td>36. 98%</td><td></td><td>2000 元及以下</td><td>104</td><td>8. 01%</td></tr>
<tr><td>女</td><td>818</td><td>63. 02%</td><td rowspan="7">家庭月收入</td><td>2000 ~ 4999 元</td><td>449</td><td>34. 59%</td></tr>
<tr><td rowspan="6">年龄</td><td>20 岁以下</td><td>48</td><td>3. 70%</td><td>5000 ~ 8999 元</td><td>348</td><td>26. 81%</td></tr>
<tr><td>20 ~ 29 岁</td><td>710</td><td>54. 70%</td><td>9000 ~ 11999 元</td><td>161</td><td>12. 40%</td></tr>
<tr><td>30 ~ 39 岁</td><td>365</td><td>28. 12%</td><td>12000 ~ 13999 元</td><td>103</td><td>7. 94%</td></tr>
<tr><td>40 ~ 49 岁</td><td>131</td><td>10. 09%</td><td>14000 ~ 16999 元</td><td>50</td><td>3. 85%</td></tr>
<tr><td>50 ~ 59 岁</td><td>37</td><td>2. 85%</td><td>17000 ~ 19999 元</td><td>29</td><td>2. 23%</td></tr>
<tr><td>60 岁及以上</td><td>7</td><td>0. 54%</td><td>20000 元及以上</td><td>54</td><td>4. 16%</td></tr>
</table>

从以上调查者人口统计信息的基本情况来看，在性别分布中，男性所占比例为 36. 98%，女性所占比例为 63. 02%，符合商场中女性消费者更多的一般规律；在年龄分布上，20 岁以上、50 岁以下的消费者占据了主导，占据了样本量的 92. 91%，这一年龄跨度人群正是消费能力最强的商场主要顾客，其中 20 ~ 29 岁人群比重略显偏高，为 54. 70%；

在收入分布上，超过 70% 的被调查者家庭月收入位于 2000 ~ 12000 元之间，占比最大的收入带是家庭月收入为2000~4999元，与中国的整体工资水平相比略低，但基本相符。2009年中国城镇非私营单位在职职工年平均工资为32736元，即月均2728元；而私营单位就业人员平均工资仅有18199元，月均1517元。按普通家庭两名在职职工计算，月均家庭收入为3000~5500元之间，与本次调研占主体的收入水平基本相符。因此本次调查所获得的样本总体代表性较好，基本可接受。

此外，消费者在其最喜欢的商场的消费金额分布也值得比较，消费者月均消费金额分布如表4－13所示：

表4－13　被调查消费者在其最喜欢的商场的消费金额分布

消费金额	频数	比例
200元以下	141	10.86%
200~400元	322	24.81%
400~600元	271	20.87%
600~800元	193	14.86%
800~1000元	200	15.41%
1000元以上	181	13.94%
合计	1298	100%

从上述消费金额分布情况可看出，各段消费金额分布均较为平均，月均消费200~400元的顾客比重较大，数据分布无明显集中于某一段的情况，显示分布的异常性较小。

第5章

数据分析与假设检验

本章对搜集到的数据进行处理分析，并检验第3章中所提出的假设。数据处理分析主要分为六部分，即包括描述性统计分析、信度分析、探索性因子分析、验证性因子分析、结构方程模型分析、中介变量检验与调节变量检验，最终根据分析结果对假设进行检验。

5.1 数据描述性统计分析

为了解所搜集数据的基本信息，首先需要进行描述性统计分析，描述性统计分析是用来描述样本分配的集中与离散状态的多种方法的综合。在各种描述性的统计指标上，用来描述样本集中状态的指标最有代表性的是均值，在描述样本离散趋势的指标中最有代表性的为标准差。本研究为描述样本的集中与离散趋势，也计算出样本的均值与标准差。计算结果如表 5-1：

表 5-1　各题项样本的均值与标准差

构念	测量指标	均值	标准差	构念	测量指标	均值	标准差
感知商品差异（PM）	PM1	5.0948	1.4341	店铺印象（SI）	SI1	5.4784	1.1898
	PM2	5.2858	1.3572		SI2	5.2072	1.2228
	PM3	5.1525	1.4963		SI3	5.2904	1.2503
	PM4	4.9530	1.3409		SI4	5.3867	1.1968
	PM5	5.1433	1.2939		SI5	5.0724	1.3069
	PM6	4.9407	1.3740		SI6	5.5632	1.1392
感知服务差异（PS）	PS1	4.9307	1.4109	享乐性价值（HV）	HV1	5.3505	1.1500
	PS2	4.9846	1.4092		HV2	5.1233	1.3907
	PS3	4.7704	1.3585		HV3	4.8621	1.4746
	PS4	4.9815	1.3425		HV4	4.8436	1.6156
	PS5	4.8844	1.3405		HV5	5.1495	1.3958
感知环境差异（PE）	PE1	5.3952	1.2689		HV6	4.6995	1.4553
	PE2	5.4237	1.2371		HV7	5.0678	1.4202
	PE3	5.4384	1.2644		UV1	5.0601	1.2974

续表

构念	测量指标	均值	标准差	构念	测量指标	均值	标准差
	PE4	4.9538	1.3595	功用性价值（UV）	UV2	5.1980	1.2480
感知促销差异（PP）	PP1	4.9368	1.3991		UV3	5.1911	1.2543
	PP2	4.6117	1.3166		UV4	4.9391	1.5767
	PP3	5.0277	1.3074		UV5	5.1449	1.3723
	PP4	4.8998	1.2764		UV6	4.9145	1.4042
顾客介入（CI）	CI1	4.6140	1.5469	结构对应（SA）	SA1	5.1248	1.3471
	CI2	4.4422	1.5250		SA2	5.2604	1.3235
	CI3	4.4977	1.5215		SA3	5.5528	1.2437
场所依赖（PA）	PA1	5.1048	1.3721		SA4	5.1918	1.2533
	PA2	5.1279	1.3405		SA5	5.2643	1.2810
	PA3	5.2696	1.1993	偏好模糊（PR）	PR1	5.4337	1.2575
	PA4	5.2096	1.2685		PR2	5.3706	1.4789
惠顾意愿（PI）	PI1	5.5439	1.2362		PR3	5.6525	1.1577
	PI2	5.5609	1.6668		PR4	5.2789	1.2113
	PI3	5.3816	1.2886		PR5	5.3112	1.2750
溢价支付意愿（WPP）	WPP1	4.5613	1.6210				
	WPP2	4.4330	1.6606				

从以上数据可看出，各题项样本均值均在4.4～5.7之间，无特别明显极端数值；标准差均分布在1.1～1.7之间，也无明显过大的标准差，因此样本的集中与离散状态良好。

为便于后续数据处理过程中的变量描述的方便，后面涉及具体测量题项时，一律以表5－1中所列的该题项字母来描述。

5.2 信度分析

信度（Reliability）又可称为可靠性，是指测验的可信程度。它主要表现测验结果的一致性、一贯性、再现性和稳定性，信度好的指标在同样或类似的条件下重复操作，可以得到一致或稳定的结果。信度系数是衡量测验好坏的一个重要技术指标，在估计信度的方法里，最常用的是 Cronbach α 信度系数，它表明量表中每一题项得分间的一致性，该方法适用于项目多重记分的测验数据或问卷数据，可以用该系数测量李克特量表的信度，α 信度系数公式为[154]：

$$\alpha = \frac{k}{k-1}\left(1 - \frac{\sum_{i=1}^{k} S_i^2}{S_x^2}\right)$$

式中 k 为测验的题目数，S_i 为第 i 题的分数的方差，S_x 为测验总分的方差。

Hair（1998）等指出，Cronbach α 值大于 0.70，表明数据可靠性较高，计算尺度中的题项数少于 6 个时，Cronbach α 值大于 0.60，表明数据是可靠的；在探索性研究中，Cronbach α 值可以小于 0.70，但应大于 0.50[155]。

本研究运用 SPSS 13.0 软件来计算各个题项的内部一致性，估计量表的信度，计算结果如表 5－2：

表5－2 各变量Cronbach α信度系数

潜变量	题项数	Cronbach α值
感知商品差异	6	0.850
感知服务差异	5	0.858
感知环境差异	4	0.760
感知促销差异	4	0.805
店铺印象	6	0.854
享乐性价值	7	0.875
功用性价值	6	0.824
场所依赖	4	0.852
顾客介入	3	0.889
惠顾意愿	3	0.880
溢价支付意愿	2	0.808
结构对应	5	0.793
偏好模糊	5	0.754
总量表	60	0.965

从表5－2中可看出，总量表共60个题项，Cronbach α值为0.965；感知商品差异题项为6个，Cronbach α值为0.850；感知服务差异题项为5个，Cronbach α值为0.858；感知环境差异题项为4个，Cronbach α值为0.760；感知促销差异题项为4个，Cronbach α值为0.805；店铺印象题项为6个，Cronbach α值为0.854；享乐性价值题项为7个，Cronbach α值为0.875；功用性价值题项为6个，Cronbach α值为0.824；场所依赖题项为4个，Cronbach α值为0.852；顾客介入的题项为3个，Cronbach α值为0.889；惠顾意愿的题项为3个，Cronbach α值为0.880；溢价支付意愿题项为2个，Cronbach α值为0.808；结构对应题项为5个，Cronbach α值为0.793；偏好模糊题项为5个，Cronbach α值为0.754。

从以上结果可看出，所有题项的Cronbach α值均在0.7以上，特别题项在6个以下的构念的Cronbach α值也达到了0.7以上，说明该量表的内部一致性较好，具有良好的信度，也即本研究各变量的计算尺度比较可靠，符合研究的要求。

5.3 效度检验之一：探索性因子分析

除了分析量表的信度以外，效度（Validity）是另外一个重要的测量质量的反映。效度通常被定义为构念的定义与测验之间的一致程度（Schwab，1980）[156]。效度在研究上一般可分为内容效度（Content Validity）与构建效度（Construct Validity）两大类，内容效度是指测验内容在多大程度上反映或代表了研究者所要测量的构念（Haynes，Richard 和 Kubany，1995）[157]。构建效度是指测量结果体现出来的某种结构与测值之间的对应程度，包括聚合效度（Convergent Validity）与区分效度（Discriminant Validity）。聚合效度是指在通过不同方式测量同意构念时，所观测到的数值之间应该高度相关，而区分效度是指在应用不同方法测量不同构念时，所观测到的数值之间应该能够加以区分。

由于本书各构念的测量题项基本来自国内外具有一定权威性期刊的相关实证研究文献，其量表已经经过国外学者们严格的实证检验，因此本身已具有较高的内容效度。此外本研究中还对这些题项进行了预测试，采取了专家评价与受调查者访谈等辅助方法，因此内容效度基本可接受。

构建效度的检验在统计学上最常用的方法是因子分析。研究者以因子分析来检验测验工具的效度，并有效抽取共同因素，如果此共同因素与理论结构的特征甚为接近，则可说此测量工具或量表具有构建效度[158]。因子分析有两种，一种为探索性因子分析（Exploratory Factor Analysis，EFA），另一种为验证性因子分析（Confirmatory Factor Analysis，CFA）。本节首先进行探索性因子分析，探索性因子分析是当对测验的内部结构缺乏清晰的理论预期时，将所有测量指标放在一起进行因子分析，再由所得到的因子载荷来判断构念效度的好坏。若测量同一维度的指标因子载荷越大（通常高于0.4），同时在其他维度上的因子载荷越小，则表示该测验的构念效度越高。根据探索性因子分析可以发现与测量无关或不符合预期的指标，以识别测验的内部结构（梁建、樊景立）[159]。

1. 因子分析的适合性

本研究将所获得的样本数据分为两半，从深圳、北京、长沙三个城市的样本数据中各截取一半进行探索性因子分析，另一半用于后面的验证性因子分析，以避免由于同一数据造成的同源方差问题。因此，用于探索性因子分析和验证性因子分析的样本量各为649份，而进行因子分析的题项为50题，样本量与变量比接近13:1，远远超过了进行因子分析时所要求的5:1，因此样本量达到要求。

此外进行因子分析还需要满足两个条件，一是因子分析的变量都必须是连续变量，符合线性关系的假设。许多学者已经提出，5级及以上的李克特量表均可视作连续性变量来处理，本研究量表为7级，符合条件；二是变量之间需具有一定程度的相关，但是一群相关太高或太低的变量却会造成执行因子分析的困难。对这一条件，可通过KMO（Kaiser－Meyer－Olkin）和Bartlett球形检验来进行检验。KMO是用于比较观测值相关系数值与偏相关系数值的一个指标，其值愈逼近于1，表明对这些变量进行因子分析的效果愈好；当KMO较小时，表明观测变量不适合做因子分析。Kaiser（1974）指出执行因子分析时，KMO指数可以参考如下标准：大于0.90为极适合进行因子分析；0.8以上为适合进行；0.7以上为尚可进行；0.6以上为勉强可进行，0.5以上为不适合进行；0.5以下是非常不适合进行。探索性因子分析均运用SPSS13.0软件来进行。

首先对总量表进行KMO及Bartlett球形检验，检验结果如表5－3：

表 5－3　总量表的 KMO 和 Bartlett 球形检验

Kaiser – Meyer – Olkin Measure of Sampling Adequacy		.958
Bartlett's Test of Sphericity	Approx. Chi – Square	18545.708
	df	1225
	Sig.	.000

从表 5.3 可以看出，KMO 值为 0.958，大于 0.9，属于极适合进行因子分析，Bartlett 球体检验结果显示检验的显著性概率 P = 0.000，表明相关系数矩阵不是一个单位矩阵，适合进行因子分析。

2. 因子分析方法的选择

在探索性因子分析过程中，如果研究着在事先问卷编制中已经利用了理论研究结果，量表的结构也已确定，并经过专家效度检验，则在因素分析时，可以不把整个量表全部题项纳入因子分析中，可以分层面来做（吴明隆，2003）。由于本研究中已经对理论模型进行了建构，而且所选择的测量题项基本来自于国外的现有研究，因此选择分层面进行探索性因子分析的方法。

本研究中因子提取方法为主成分法（Principal Component Analysis），并采用特征根（Eigenvalues）大于 1 的因子分析标准。旋转方法为方差最大法（Varimax Rotation）。在理论构建中存在感知差异化、顾客评价（购物价值与店铺印象）、场所依赖、惠顾意愿四个层面，因此分别对其进行因子分析。

3. 感知差异化层面的因子分析

感知差异化层面共有测量题项 19 题，对其进行 KMO 和 Bartlett 球形检验，得出的结果如表 5－4 所示。

表 5 -4 感知差异化层面分量表的 KMO 和 Bartlett 球形检验

Kaiser - Meyer - Olkin Measure of Sampling Adequacy.		. 922
Bartlett's Test of Sphericity	Approx. Chi - Square	5102. 492
	df	171
	Sig.	. 000

从表 5 -4 可看出，感知差异化层面分量表的 KMO 值为 0. 922，很适合进行因子分析，且 Bartlett 球体检验的显著性概率 P = 0. 000，适合进行因子分析。

下一步进行因子分析，因子提取采取未限定抽取因素法，所得结果如表 5 -5 和 5 -6。

表 5 -5 感知差异化层面提取因子的总方差解释量

Component	Extraction Sums of Squared Loadings		
	Total	% of Variance	Cumulative %
1	7. 137	37. 565	37. 565
2	1. 864	9. 808	47. 374
3	1. 319	6. 940	54. 314
4	1. 068	5. 623	59. 937

Extraction Method：Principal Component Analysis.

从表 5 -5 可以看出，感知差异化层面可以提取四个特征值大于 1 的主成分，累计解释了 59. 937% 的方差。

表 5 -6 为旋转后的各测量题项在公因子上的因子载荷：

表 5 -6 感知差异化层面的旋转后主成分矩阵

	Component			
	1	2	3	4
PM1	. 118	. 805	. 115	. 141
PM2	. 162	. 792	. 064	. 200
PM3	. 175	. 753	. 074	. 143
PM4	. 258	. 699	. 137	. 209
PM5	. 336	. 170	-. 001	. 293

续表

	Component			
	1	2	3	4
PM6	.087	.504	.205	.455
PS1	.775	.197	.153	.161
PS2	.805	.120	.097	.232
PS3	.707	.225	.320	.102
PS4	.696	.175	.183	.211
PS5	.674	.067	.297	.145
PE1	.157	.175	.298	.615
PE2	.226	.166	.104	.774
PE3	.216	.227	.102	.746
PE4	.417	.292	.138	.461
PP1	.243	.090	.640	.193
PP2	.390	.193	.634	.051
PP3	.074	.030	.800	.139
PP4	.165	.143	.760	.110

Extraction Method: Principal Component Analysis.
Rotation Method: Varimax with Kaiser Normalization.
a Rotation converged in 5 iterations.

从表5-6中可看出，题项PM5在其公共因子上载荷过低，低于0.2，PM5在其他公因子上的载荷也均不高，本研究样本量已经足够大，样本量与题项比超过10：1，不存在因样本量过小导致的数据失真问题，因此将PM5题项删去。而其他题项均在其各自从属的主成分上具有较高的因子载荷，而在其他主成分的载荷不高，因子分析效果较好，与预先设想基本相符。

删除题项后需要对量表重新进行一次信度和效度检验，信度检验结果如表5-7：

表5－7 感知差异化层面新量表 Cronbach α 信度系数

潜变量	题项数	Cronbach α 值
感知商品差异	5	0.841
感知服务差异	5	0.858
感知环境差异	4	0.760
感知促销差异	4	0.789
总量表	17	0.902

从表5－7可以看出，删除两个题项后的量表信度依然可被接受，各构念的测量信度均超过0.7。

KMO 和 Bartlett 球形检验结果如表5－8：

表5－8 感知差异化层面新量表 KMO 和 Bartlett 球形检验

Kaiser－Meyer－Olkin Measure of Sampling Adequacy.		.915
Bartlett's Test of Sphericity	Approx. Chi－Square	4619.800
	df	136
	Sig.	.000

表5－8结果显示，删除两个题项后的量表 KMO 值为0.915，依然很适合进行因子分析，Bartlett 球形检验显著性概率也为0.000，因此适合进行因子分析。

表5－9显示出，感知差异化层面新量表可以提取出4个主成分，4个主成分累计解释了63.104%的方差，解释方差比例比原量表还增加了3.167%。

表5－9 感知差异化层面新量表提取因子方差解释量

Component	Extraction Sums of Squared Loadings		
	Total	% of Variance	Cumulative %
1	6.614	38.908	38.908
2	1.786	10.505	49.413
3	1.265	7.442	56.855
4	1.062	6.249	63.104

Extraction Method：Principal Component Analysis.

表5-10结果显示出，删除两个题项后，其他题项都在其各自从属的公因子上的载荷大于0.5，而在其他公因子上的载荷小于0.4，因此体现了较好的聚合效度和区分效度，因此感知差异化分量表的效度较好，可进行下一步分析。

表5-10 感知差异化层面新量表旋转后的主成分矩阵

	Component			
	1	2	3	4
PM1	.057	.802	.141	.175
PM2	.047	.607	.193	.348
PM3	.194	.739	.044	.151
PM4	.219	.715	.184	.139
PM6	.179	.798	.088	.122
PS1	.778	.214	.151	.174
PS2	.829	.110	.099	.199
PS3	.744	.205	.276	.067
PS4	.699	.155	.209	.212
PS5	.676	.053	.333	.162
PE1	.092	.149	.278	.640
PE2	.204	.235	.100	.776
PE3	.255	.228	.095	.751
PE4	.388	.344	.099	.472
PP1	.186	.105	.686	.176
PP2	.436	.186	.639	.047
PP3	.137	.082	.791	.174
PP4	.247	.212	.722	.106

根据上述探索性因子分析结果，可将主成分1确定为感知商品差异，包括PM1、PM2、PM3、PM4、PM6五个题项；主成分2确定为感知服务差异，包括PS1、PS2、PS3、PS4、PS5四个题项；主成分3确定为感知促销差异，包括PP1、PP2、PP3、PP4四个题项；主成分4确定为感知环境差异，包括PE1、PE2、PE3、PE4四个题项。

4. 顾客评价层面的探索性因子分析

顾客评价层面下各构念共有 19 个测量题项，同样进行 KMO 和 Bartlett 球形检验及因子分析。

表 5－11 为顾客评价层面的 KMO 和 Bartlett 球形检验：

表 5－11　顾客评价层面分量表的 KMO 和 Bartlett 球体检验

Kaiser－Meyer－Olkin Measure of Sampling Adequacy.		.939
Bartlett's Test of Sphericity	Approx. Chi－Square	5778.268
	df	171
	Sig.	.000

从表 5－11 可以看出，顾客评价层面分量表的 KMO 值为 0.939，非常适合进行因子分析。Bartlett 球体检验的显著性概率为 0.000，因此相关矩阵不为单位矩阵，适合进行因子分析。

因子分析结果如表 5－12、表 5－13 所示：

表 5－12　顾客评价层面分量表提取因子的解释方差量

Component	Extraction Sums of Squared Loadings		
	Total	% of Variance	Cumulative %
1	8.019	42.205	42.205
2	1.535	8.079	50.284
3	1.415	7.448	57.732

Extraction Method：Principal Component Analysis.

表 5－12 结果显示，顾客评价层面分量表可提取出三个公共因子，三个公共因子累计解释了 57.732% 的方差。

表 5－13　顾客评价层面分量表旋转后的主成分矩阵

	Component		
	1	2	3
SI1	.673	.205	.235
SI2	.589	.305	.292

续表

	Component		
	1	2	3
SI3	.771	.139	.126
SI4	.714	.128	.236
SI5	.644	.258	.193
SI6	.755	.181	.229
HV1	.661	.323	.247
HV2	.364	.469	.205
HV3	.198	.738	.203
HV4	.165	.789	.139
HV5	.261	.711	.232
HV6	.211	.753	.108
HV7	.249	.662	.314
UV1	.310	.307	.592
UV2	.269	.173	.751
UV3	.289	.213	.685
UV4	.174	.181	.615
UV5	.182	.057	.702
UV6	.117	.194	.676

Extraction Method: Principal Component Analysis.
Rotation Method: Varimax with Kaiser Normalization.
a Rotation converged in 5 iterations.

表5－13的结果显示，题项HE1在公因子1上的载荷较大，达到0.661，而在公因子2上的载荷仅为0.323，数据提示该题项可能不从属于公因子2。而其他题项都在各自的公因子上有较大的载荷（大于0.4），但在其他的公因子上载荷较低，均小于0.4。因此顾客评价层面分量表总体来说具有较好的效度，适合进行下一步分析。

但对于题项HE1与原量表安排不符，故重新审视其内容，认为该题项与公因子1的其他题项内容上有明显相关，理论上支持其从属于同一个公因子。因此将公因子1确定为店铺印象，包括题项SI1、SI2、SI3、SI4、SI5、SI6、HV1，并将题项HV1更名为SI7；将公因子2确定为享乐性价值，包括题项 HV2、HV3、HV4、HV5、HV6、HV7；将公因子 3 确定为功用性价值，包括题项 UV1、UV2、UV3、UV4、UV5、UV6。

5. 场所依赖层面分量表的探索性因子分析

场所依赖层面分量表共有题项 7 个，运用 SPSS13.0 软件进行 KMO 和 Bartlett 球形检验及因子分析，结果如表 5－14、5－15、5－16 所示。

表 5－14　场所依赖层面分量表的 KMO 和 Bartlett 球形检验

Kaiser－Meyer－Olkin Measure of Sampling Adequacy.		.871
Bartlett's Test of Sphericity	Approx. Chi－Square	2552.620
	df	21
	Sig.	.000

表 5－14 的结果显示，场所依赖层面分量表的 KMO 值为 0.871，属于适合进行因子分析的范围，Bartlett 球形检验显著性检验概率为 0.000，适合进行因子分析。

表 5－15 场所依赖分量表提取因子解释方差量

Component	Extraction Sums of Squared Loadings		
	Total	% of Variance	Cumulative %
1	4.150	59.283	59.283
2	1.110	15.850	75.133

表 5－15 结果显示，场所依赖层面分量表共提取出 2 个主成分，累计解释了 75.133% 的方差。

表 5－16　场所依赖分量表旋转后的主成分矩阵

	Component	
	1	2
CI1	.255	.869
CI2	.294	.879
CI3	.263	.864
PA1	.691	.376

续表

	Component	
	1	2
PA2	.790	.280
PA3	.842	.198
PA4	.807	.203

从表5-16结果可看出，每个题项都在其各自对应的公因子上具有较高的载荷，均大于0.6，而在其他公因子上载荷很小，小于0.4，显示场所依赖维度的分量表具有较好的聚合效度和区分效度，可以进行下一步分析。

因此本研究将公因子1确定为场所依赖，题项PA1、PA2、PA3、PA4从属于该公因子；将公因子2确定为顾客介入，题项CI1、CI2、CI3从属于该公因子。

6. 惠顾与支付意愿层面分量表的探索性因子分析

惠顾与支付意愿层面的题项共5个，KMO和Bartlett球形检验及因子分析结果如表5-17、表5-18、表5-19所示。

表5-17 惠顾意愿层面分量表的KMO和Bartlett球形检验

Kaiser-Meyer-Olkin Measure of Sampling Adequacy.		.745
Bartlett's Test of Sphericity	Approx. Chi-Square	1759.007
	df	10
	Sig.	.000

表5-17结果显示，惠顾与支付意愿层面分量表的KMO值为0.745，基本可进行因子。Bartlett球形检验显著性概率为0.000，可以进因子分析。

表5-18 惠顾意愿分量表提取因子解释方差量

Component	Extraction Sums of Squared Loadings		
	Total	% of Variance	Cumulative %
1	3.070	61.396	61.396
2	1.104	22.088	83.485

Extraction Method: Principal Component Analysis.

表 5 - 18 结果显示惠顾与支付意愿层面分量表可以提取出 2 个主成分，两个主成分累计解释了 83.485% 的方差。

表 5 - 19　惠顾与支付意愿分量表旋转后的主成分矩阵

	Component	
	1	2
PI1	.911	.167
PI2	.912	.160
PI3	.804	.324
WPP1	.193	.907
WPP2	.224	.893

Extraction Method: Principal Component Analysis.
Rotation Method: Varimax with Kaiser Normalization.
a Rotation converged in 3 iterations.

从表 5 - 19 的因子分析结果可看出，各个题项在其相对应的共公因子上的因子载荷都较高，均大于 0.8，远远超出 0.4 的界限，且在其他公因子上载荷较低，说明惠顾意愿层面分量表具有较好的效度，可以进行下一步分析。

因此，本研究将公因子 1 确定为惠顾意愿，题项 PI1、PI2、PI3 从属于该公因子；将公因子 2 确定为溢价支付意愿，题项 WPP1、WPP2 从属于该公因子。

5.4 效度检验之二：验证性因子分析

探索性因子分析的主要目的是测验所用的测量量表的内部结构，适用于测验开发的初期。而当研究中对测验的内部结构有了比较清楚的预期后，就需要运用验证性因子分析来对这一预期进行验证，以确定其内部结构。

本书在前文探索性因子分析的基础上，使用 LISREL 8.70 统计分析软件对来本研究的测量模型进行验证性因子分析，以验证测量模型理论基础的合理性并根据相关结果做出相应的修正。本研究使用极大似然估计（Maximum Likelihood Estimation）法，对探索性因子分析中所确定的 11 个潜变量进行验证性因子分析。

验证性因子分析必然涉及拟合优劣的问题，在验证性因子分析中存在一袭列判断拟合优度的指数。其中通常被学者们认为最重要、最具有代表性的指数主要有：

（1）χ^2/df：χ^2 值是反映模型拟合优度的重要指数，χ^2/df 能比较恰当地选择一个参数不太多的模型，报告 χ^2/df 比 χ^2 更受欢迎。一般建议 χ^2/df 在 5 以下可以接受该模型。

（2）RMSEA：RMSEA（近似误差均方根）是一个广泛被使用的指数，受 N 的影响较小，是比较理想的指数。学者们一般该值小于 0.1 即为较好的拟合，小于 0.05 表示非常好的拟合。

（3）SRMR：SRMR（标准化残差均方根）是直接基于残差的指数之

一，一般学者推荐 SRMR 的临界值是 0.08，当 SRMR 小于 0.08 时认为模型可以接受。

（4）GFI、AGFI：GFI（拟合优度指数）和 AGFI（调整拟合优度指数）反映了假设模型能够解释的协方差的比例，拟合优度指数越大，说明自变量对因变量的解释程度越高，自变量引起的变动占总变动的百分比越高。如果同时考虑变量的数量，则产生了调整拟合优度指数。指数取值在 0－1 之间，越高越好。

（5）NNFI、NFI：NNFI（非范拟合指数）即 TLI，是被广泛推荐的一个拟合指数，但会因样本的波动超出 0～1 的范围。NFI（规范拟合指数）解决了这一问题，这两个指数通常都被认为应该大于 0.9。

（6）CFI：比较拟合指数反映了独立模型与假设模型之间的差异程度，一般来说，CFI 的值在 0～1 之间，数值越接近 1，则假设模型越好。一般该指数大于 0.9 时，就可以认为模型拟合程度较好。

以上 8 个指数是本研究建议使用的拟合指数，在后面的验证性因子分析和结构方程模型分析中都将使用这 8 个指标来判断模型拟合的优劣。这些指标可总结如表 5－20：

表 5－20　模型拟合指数

指数	χ^2/df	RMSEA	SRMR	GFI	AGFI	NNFI	NFI	CFI
建议值	<5	<0.1	<0.08	>0.8	>0.8	>0.9	>0.9	>0.9

1. 感知差异化层面的验证性因子分析

感知差异化层面下包括四个潜变量，即感知商品差异、感知服务差异、感知环境差异、感知促销差异，根据探索性因子分析所提出的因子结构，运用 LISREL8.70 进行验证性因子分析，得出的结果如图 5－1：

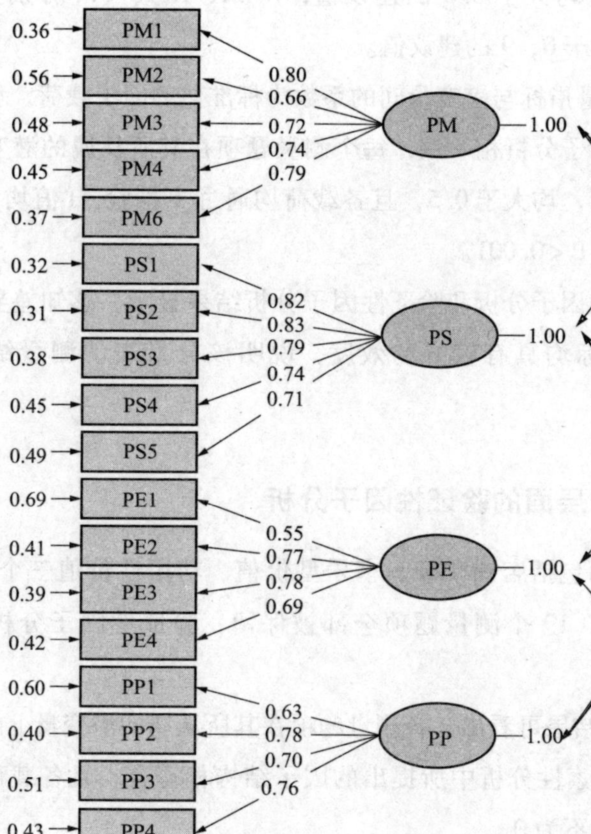

图 5 -1　感知差异化层面的验证性因子分析

感知差异化层面验证性因子分析的拟合指数如表 5 - 21 所示：

表 5 -21　感知差异化层面验证性因子分析的拟合指数

指数	χ^2/df	RMSEA	SRMR	GFI	AGFI	NNFI	NFI	CFI
实际值	4. 48	0. 070	0. 048	0. 92	0. 90	0. 97	0. 97	0. 97
建议值	<5	<0. 1	<0. 08	>0. 8	>0. 8	>0. 9	>0. 9	>0. 9

表 5 -21 结果显示，该层面的验证性因子分析拟合指数均达到了建议值的参考合理范围内，χ^2/df 值小于 5，为 4. 48；RMSEA 值为 0. 070，小于 0. 1，也小于 0. 08 的建议值；SRMR 为 0. 048，小于 0. 08；GFI、AGFI 分

别为0.92、0.90，均大于0.8的建议值；NNFI、NFI、CFI分别为0.97、0.97、0.97，均大于0，9的建议值。

图5-1中测量指标与潜变量间的系数为标准化的因子载荷，从中可以看出，与探索性因子分析相一致，每个测量题项在其所从属的潜变量上具有较大的因子载荷，均大于0.5，且各载荷均通过T检验，t值均大于15，通过显著性检验，P<0.001。

因此，探索性因子分析和验证性因子分析结果显示，感知差异化层面各维度的测量指标均具有较好的效度，说明该分量表的测量结构是合理的。

2. 顾客评价层面的验证性因子分析

顾客评价层面包括店铺印象、享乐型价值、功用性价值三个潜变量，探索性因子分析中19个测量题项全部被保留，验证性因子分析结果如图5-2所示。

从图5-2的结果可看出，各测量题项在其所从属的潜变量上的载荷均超过了0.5，与探索性分析中所提出的因子结构相符合，且各载荷系数均通过t检验，显著不为0。

顾客评价层面的验证性因子分析的拟合指数如表5-22所示：

表5-22　顾客评价层面验证性因子分析的拟合指数

指数	χ^2/df	RMSEA	SRMR	GFI	AGFI	NNFI	NFI	CFI
实际值	4.72	0.088	0.058	0.87	0.84	0.96	0.96	0.96
建议值	<5	<0.1	<0.08	>0.8	>0.8	>0.9	>0.9	>0.9

从表5-22结果可以看出，感知差异化层面验证性因子分析的拟合指数均达到了建议值得合理范围内。尽管χ^2/df数值为4.72，但依然控制在5以内的范围；RMSEA值为0.088，也小于0.1，其他指标均明显好于建议值。

因此探索性因子分析和验证性因子分析结果说明顾客评价层面分量表

具有较好的聚合效度和区分效度，说明该部分的测量模型是合理的。

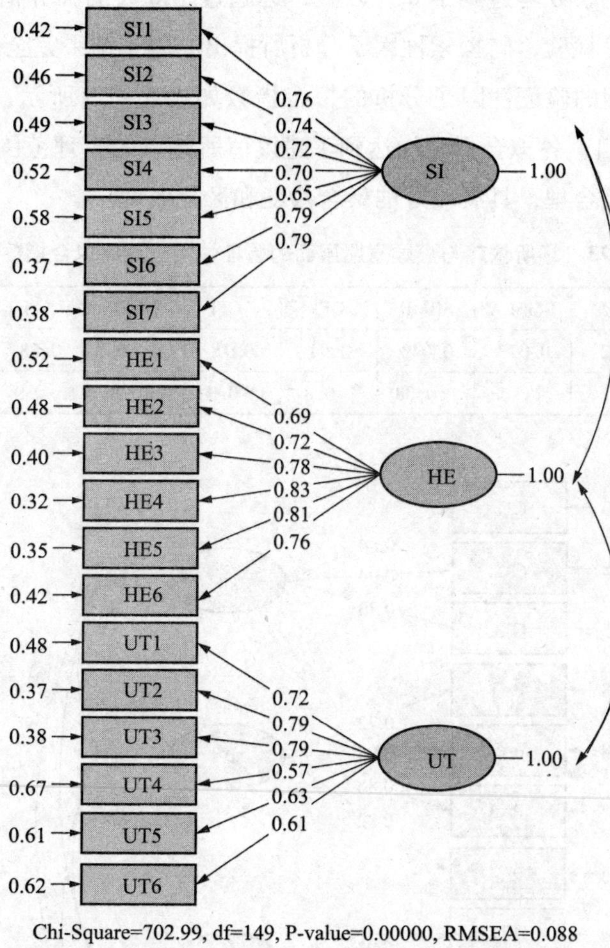

图5-2 顾客评价层面的验证性因子分析

3. 场所依赖与惠顾意愿层面的验证性因子分析

由于探索性因子分析已将因子结构初步确定，且场所依赖层面与惠顾意愿层面根据探索性因子分析的结果来看由于题项较少，故一并进行验证性因子分析。场所依赖层面包括顾客介入和场所依赖两个潜变量，惠顾意愿层面包括惠顾意愿与溢价支付意愿两个潜变量，共12个测量题项。

从图 5 - 3 的结果可以看出，各测量题项在其从属的潜变量上的载荷都非常高，标准化系数均达到了 0.7 以上，远超过了 0.5 的临界值，且这些系数全部通过 T 检验，与探索性因子分析所提出的因子结果完全一致。

该测量模型的验证性因子分析的拟合指数如表 5 - 23 所示，从表 5 - 23 结果可以看出，各拟合指数均达到了建议值所建议的合理范围，说明该测量模型结构较合理，具有较好的聚合效度和区分效度。

表 5 - 23　场所依赖与惠顾意愿层面的验证性因子分析拟合指数

指数	χ^2/df	RMSEA	SRMR	GFI	AGFI	NNFI	NFI	CFI
实际值	4.82	0.077	0.043	0.94	0.91	0.96	0.98	0.98
建议值	<5	<0.1	<0.08	>0.8	>0.8	>0.9	>0.9	>0.9

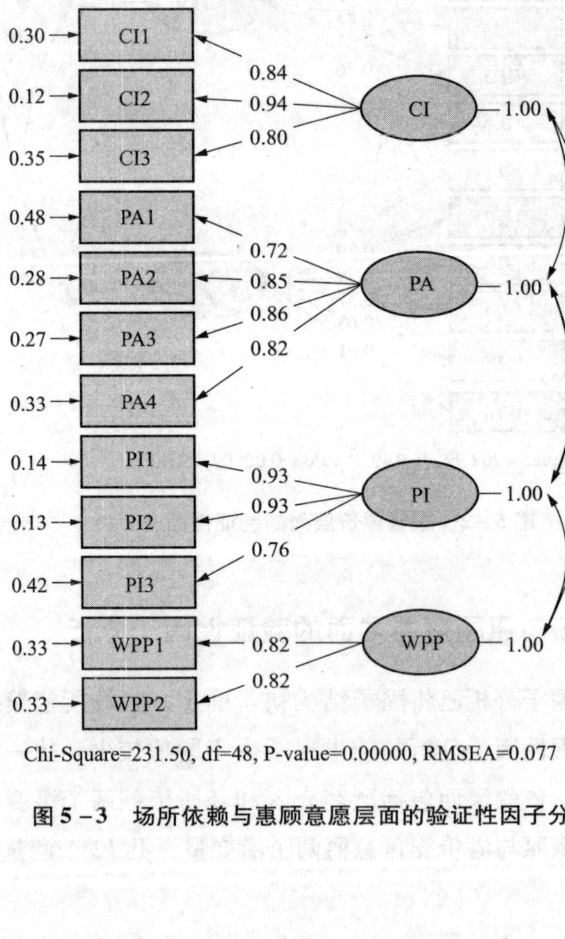

图 5 - 3　场所依赖与惠顾意愿层面的验证性因子分析

综合以上验证性因子分析结果，本研究认为整个模型的测量量表具有较好的效度，可以对理论模型中所涉及的潜变量进行较好的反映，测量模型较为合理。

5.5 结构方程模型分析及假设检验

经过前面的信度和效度检验，本研究已经验证量表及测量模型的合理性，具有较好的信度和效度，能够较好地对各潜变量进行反映，因此可以进行结构方程分析。

结构方程模型分析是验证性因子模型和（潜变量）因果模型的结合，验证性因子分析模型部分即为测量模型，是对模型中的一系列潜变量的测量，其中的方程成为测量方程。因果模型部分称为结构模型，其中的方程称为结构方程。结构方程描述的是潜变量之间的关系，也即对理论模型中所提出的各个潜变量之间的关系进行验证[160]。

结构方程模型涉及生潜变量和内生潜变量两大类，本研究的外生潜变量包括感知商品差异、感知服务差异、感知环境差异、感知促销差异四个，内生潜变量包括享乐性价值、功用性价值、店铺印象、场所依赖、惠顾意愿、溢价支付意愿六个。下一步就运用 LISREL8. 70 进行结构方程模型分析，进行假设检验。

结构方程模型主要检验第三章中所提出的主理论模型各路径的显著性，中介变量及调节变量的作用另行检验。理论模型中的所有路径如图 5 -4 所示：

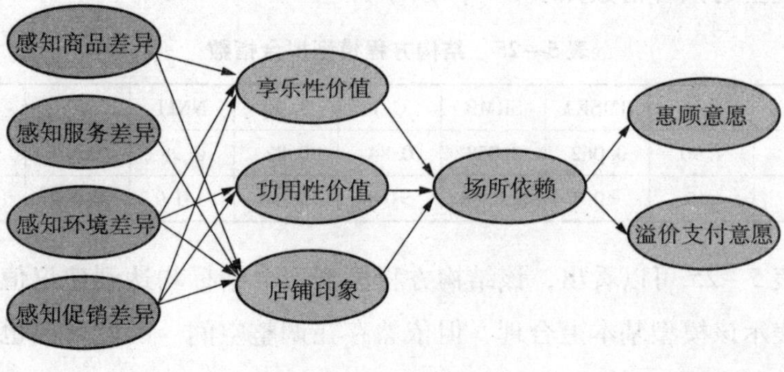

图5-4　理论模型路径图

以上结果中各路径可总结如表5-24：

表5-24　结构方程模型各路径结果

路径	路径系数	T值
P1：感知商品差异→享乐性价值	0.17***	3.81
P2：感知商品差异→功用性价值	0.06	1.87
P3：感知服务差异→享乐性价值	-0.01	-1.31
P4：感知服务差异→功用性价值	-0.08	-1.66
P5：感知环境差异→享乐性价值	0.28***	6.34
P6：感知环境差异→功用性价值	0.37***	11.22
P7：感知促销差异→享乐性价值	0.39***	10.75
P8：感知促销差异→功用性价值	0.49***	12.90
P9：感知商品差异→店铺印象	-0.11	-3.09
P10：感知服务差异→店铺印象	0.08*	2.02
P11：感知环境差异→店铺印象	0.74**	15.11
P12：感知促销差异→店铺印象	0.27**	7.72
P13：享乐性价值→场所依赖	0.12***	4.24
P14：功用性价值→场所依赖	0.43***	13.12
P15：店铺印象→场所依赖	0.44***	13.08
P16：场所依赖→惠顾意愿	0.82***	26.75
P17：场所依赖→溢价支付意愿	0.67***	19.54

*代表 $P<0.05$；**代表 $P<0.01$；***代表 $P<0.001$

该模型的拟合指数如表 5－25 所示：

表 5－25　结构方程模型拟合指数

指数	χ^2/df	RMSEA	SRMR	GFI	AGFI	NNFI	NFI	CFI
实际值	4.90	0.062	0.058	0.84	0.82	0.98	0.97	0.98
建议值	<5	<0.1	<0.08	>0.8	>0.8	>0.9	>0.9	>0.9

从表 5－25 可以看出，该结构方程模型拟合指标均达到建议值的合理范围，表示该模型基本上合理，但依然存在调整空间。因此可以也需要进行路径分析，对每条路径进行检视。

表 5－24 共列出 17 条路径的检验结果，P1－P12 这 12 条路径与第三章中表 3－2 所列出的 H1－H12 这 12 条假设完全一一对应，因此 P1－P12 路径分析结果可以直接检验 H1－H12 这 12 条假设。

假设 H1 提出感知商品差异与享乐性价值存在正相关关系，路径分析结果显示，P1 路径的系数为 0.17，t 值为 3.81，大于 $P<0.001$ 时的临界值 3.28，通过显著性检验，即确认感知商品差异与享乐性价值存在正相关关系，因此 H1 得到支持。

假设 H2 提出感知商品差异与功用性价值存在正相关关系，但路径 P2 的系数为 0.06，t 值为 1.87，小于 $P<0.05$ 的临界值 1.96，因此该路径系数不显著，即认为该系数与 0 无显著差异，因此判断感知商品差异与享乐性价值之间无显著的正相关关系，因此 H2 被拒绝。

假设 H3 提出感知服务差异与享乐性价值存在正相关关系，P3 路径系数为 －0.01，t 值为 －1.31，未通过显著性检验，即认为感知服务差异与享乐性价值无显著正相关关系，拒绝 H3。

假设 H4 为感知服务差异与功用性价值存在正相关关系，P4 路径系数为 －0.08，t 值为 －1.66，表明该路径系数不显著，与原假设中的正相关关系明显不符，因此拒绝 H4。

假设 H5 为感知环境差异与享乐性价值存在正相关关系，P5 路径系数为 0.28，t 值为 6.34，大于 $P<0.001$ 时的临界值 3.28，该系数显著不为 0，因此支持 H5，即认为感知环境差异与享乐性价值存在显著的正相关

关系。

假设 H6 建议感知环境差异与功用性价值存在正相关关系，P6 路径系数为 0.37，t 值为 11.22，显著大于 $P < 0.001$ 时的临界值 3.28，故支持 H6。

假设 H7 提出感知促销差异与享乐性价值存在正相关关系，P7 路径系数为 0.39，t 值为 10.75，远大于临界值 3.28，该系数不显著的概率小于 0.001，因此支持 H7，即认为感知促销差异与享乐性价值存在显著的正相关关系。

假设 H8 为感知促销差异与功用性价值存在正相关关系，P8 路径系数为 0.49，t 值为 12.90，显著大于 $P < 0.001$ 时的临界值 3.28，故支持 H8，即感知促销差异与功用性价值存在正相关关系。

假设 H9 提出感知商品差异与店铺印象存在正相关关系，但 P9 路径系数为 -0.11，t 值为 -3.09，该系数显著为负，与原假设不符，因此拒绝假设 H9。

假设 H10 认为感知服务差异与店铺印象存在正相关关系，P10 路径系数为 0.08，t 值为 2.02，大于 1.96 的临界值，因此该系数显著，不显著的概率小于 0.05，因此支持 H10。

假设 H11 建议感知环境差异与店铺印象存在正相关关系，P11 路径系数为 0.74，t 值为 15.11，显示二者间存在强正相关关系，因此支持 H11.

假设 H12 为感知促销差异与店铺印象存在正相关关系，P12 路径系数为 0.27，t 值为 7.72，该系数显著，支持 H12，即认为感知促销差异与店铺印象存在正相关关系。

路径 P13 - P17 所有系数均显著，由于场所依赖可能存在的中介作用影响，还需要在下一节中进行进一步的中介作用检验。

根据上述路径分析结果，将其中不显著的路径删除，按照一次删除一条的方法重新拟合，即删除路径 P2、P3，重新拟合后的模型拟合指数变化如表 5 - 26：

表 5－26　结构方程模型拟合指数

指数	χ^2/df	RMSEA	SRMR	GFI	AGFI	NNFI	NFI	CFI
实际值	4.60	0.058	0.058	0.86	0.83	0.98	0.97	0.98
建议值	<5	<0.1	<0.08	>0.8	>0.8	>0.9	>0.9	>0.9

从拟合指数上看，删除两条不显著的路径后模型的拟合指数有了一定的改进，故将本书的理论模型调整如图 5－5：

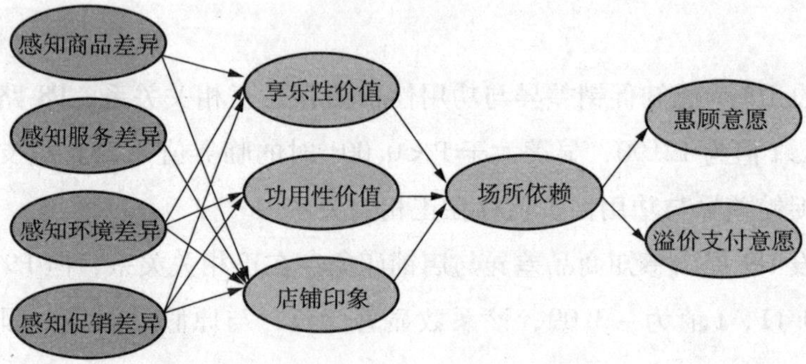

图 5－5　修正后的理论模型图

5.6 中介变量的检验

中介变量的作用可如图5-6所示：

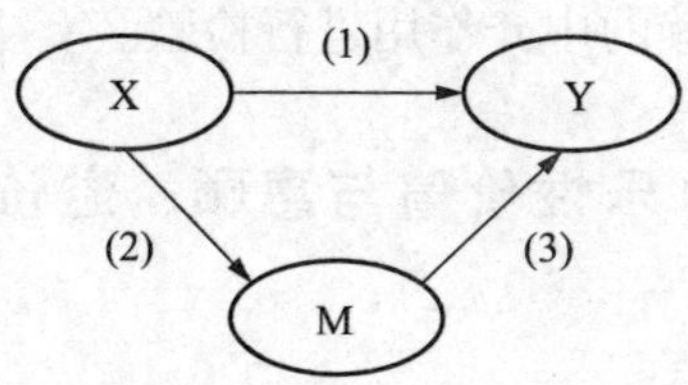

图5-6　中介变量示意图

图5-6　中的Y为因变量，X为自变量，M为中介变量，该图所表示的中介作用即为：X对Y的影响有两条路径，一为X对Y的直接影响，另一条为X通过M的中介进而影响Y。中介作用可以用以下方程来描述变量间的关系：

$Y = cX + e$

$M = aX + e_2$

$Y = c'X + bM + e_3$

在这些方程中，a、b、c、c’分别为相应方程的系数。

中介变量的检验方法存在多种，温忠麟、张雷、侯杰泰（2004）等人对前人提出的中间效应检验方法进行了一个综合，提出了一套综合性的检验程序[161]。本书即采取此方法对中介效应进行检验，步骤如下：

（1）检验X与Y标准回归系数c，若显著则继续第2步，否则停止；

（2）做 Baron 和 Kenny 部分中介检验，即依次检验 X 与 M、M 与 Y 的回归系数 a、b，如果都显著，继续下面第 3 步。如果至少有一个不显著，由于该检验的功效较低（即第二类错误率较大），所以还不能下结论，转到第 4 步；

（3）检验 Y 为被解释变量、X 和 M 为解释变量时的回归系数 c'，如果不显著，说明是完全中介过程；如果显著，说明只是部分中介过程。检验结束。

（4）做 Sobel 检验，如果显著意味着中介效应显著，否则不显著。检验结束。

上述方程的检验可以运用结构方程模型、LISREL 软件来进行，本书即按照上述步骤对场所依赖的中介作用进行检验。

1. 场所依赖在享乐性价值与惠顾、溢价支付意愿中的中介作用

首先检验场所依赖（PA）在享乐性价值（HV）与惠顾意愿（PI）中的中介作用，三个检验方程的检验结果如表 5－27：

表 5－27　场所依赖在享乐性价值与惠顾意愿中的中介作用检验

	标准化回归方程	回归系数检验
第一步	PI = 0.17HE	t = 8.02***，SE = 0.03
第二步	PA = 0.08HV	t = 2.41*，SE = 0.03
	PI = 0.83PA	t = 27.01***，SE = 0.02
第三步	PI = 0.05HV +	t = 1.74，SE = 0.03
	0.78PA	t = 22.77***，SE = 0.03

按照温忠麟、张雷等人提出的中介变量的检验方法，从表 5－27 中的结果可以看出，第一步中的系数 c 为 0.17，t 值为 8.02，通过显著性检验；第二步中的系数 a、b 分别为 0.08 和 27.01，t 值为 2.41 和 27.01，都显著，因此进入第三步；第三步中的系数 c' 为 0.05，t 值为 1.74，未通过显著性检验。因此可以判断，场所依赖在享乐性价值与惠顾意愿中起着完

全中介作用，这与第三章中提出的假设 H13 相符，因此支持 H13。

再检验场所依赖在享乐性价值与溢价支付意愿中的中介作用，三个检验方程的结果如表 5－28 所示：

表 5－28 场所依赖在享乐性价值与溢价支付意愿中的中介作用检验

	标准化回归方程	回归系数检验
第一步	WPP = 0.24HV	t = 5.34 ***，SE = 0.03
第二步	PA = 0.08HV	t = 2.41 *，SE = 0.03
	WPP = 0.67PA	t = 19.63 ***，SE = 0.02
第三步	WPP = 0.26HV +	t = 6.66 ***，SE = 0.03
	0.48PA	t = 11.91 ***，SE = 0.03

从表 5－28 中可看出，第一步方程的系数为 0.24，t 值为 5.34，通过显著性检验，因此进入第二步；第二步方程中的系数分别为 0.08 和 0.67，t 值分别为 2.41 和 19.63，两个系数均显著；第三步中享乐性价值（HV）的系数为 0.26，相应 t 值为 6.66，系数显著，说明场所依赖在享乐性价值与溢价支付意愿中起着部分中介作用，因此支持假设 H16。

2. 场所依赖在功用性价值与惠顾、溢价支付意愿中的中介作用

场所依赖在功用性价值与惠顾意愿、溢价支付意愿中的中介作用也按照前述方法来检验，检验结果如表 5－29、5－30 所示。

表 5－29 场所依赖在功用性价值与惠顾意愿中的中介作用检验

	标准化回归方程	回归系数检验
第一步	PI = 0.20UV	t = 7.61 ***，SE = 0.04
第二步	PA = 0.42UV	t = 12.58 ***，SE = 0.03
	PI = 0.83PA	t = 27.01 ***，SE = 0.03
第三步	PI = 0.04UV +	t = 1.03，SE = 0.03
	0.78PA	t = 17.53 ***，SE = 0.03

从表 5－29 中可以看出，第一步方程中的系数为 0.20，t 值为 7.61，

系数显著；第二步中两个方程的系数分别为 0.42 和 0.83，t 值分别为 12.58 和 27.01，也均显著；第三步方程中的功用性价值（UV）的系数为 0.04，t 值为 1.03，未通过显著性检验。因此根据前述温忠麟、张雷等人提出的判定标准可以判定，场所依赖在功用性价值与惠顾意愿的影响中起着完全中介作用，因此支持假设 H14。

表 5－30　场所依赖在功用性价值与溢价支付意愿中的中介作用检验

	标准化回归方程	回归系数检验
第一步	WPP = 0.29UV	t = 6.46 ***，SE = 0.03
第二步	PA = 0.42UV	t = 12.58 ***，SE = 0.02
	WPP = 0.67PA	t = 19.63 ***，SE = 0.03
第三步	WPP = 0.22UV +	t = 4.22 ***，SE = 0.03
	0.47PA	t = 8.87 ***，SE = 0.03

从表 5－30 可看出，第一步和第二步三个方程的系数分别为 0.29、0.42、0.67，t 值分别为 6.46、12.58、19.63，均通过显著性检验。第三步中功用性价值的系数为 0.22，t 值为 4.22，也通过显著性检验，因此可以判定场所依赖在功用性价值与溢价支付意愿中起部分中介作用，因此支持假设 H17。

3. 场所依赖在店铺印象与惠顾、溢价支付意愿中的中介作用

场所依赖（PA）在店铺印象（SI）与惠顾意愿（PI）、溢价支付意愿（WPP）中的中介作用检验如表 5－31、表 5－32 所示。

表 5－31　场所依赖在店铺印象与惠顾意愿中的中介作用检验

	标准化回归方程	回归系数检验
第一步	PI = 0.52SI	t = 12.16 ***，SE = 0.02
第二步	PA = 0.46SI	t = 12.38 ***，SE = 0.03
	PI = 0.83PA	t = 27.01 ***，SE = 0.03
第三步	PI = 0.22SI +	t = 5.60 ***，SE = 0.03
	0.63PA	t = 15.30 ***，SE = 0.03

表 5－31 的结果显示，第一步中店铺印象与惠顾意愿的回归系数为

0.52，t值为12.16，通过显著性检验，说明二者显著相关；第二步中两个方程系数分别为0.46、0.83，均显著；第三个方程中店铺印象（SI）的系数为0.22，t值为5.60，通过显著性检验，因此判定场所依赖在店铺印象与惠顾意愿中起着部分中介作用，因此支持假设H15。

表5－32 场所依赖在店铺印象与溢价支付意愿中的中介作用检验

	标准化回归方程	回归系数检验
第一步	WPP = 0.20SI	t = 3.96***，SE = 0.04
第二步	PA = 0.46SI	t = 12.38***，SE = 0.02
	WPP = 0.67PA	t = 19.63***，SE = 0.03
第三步	WPP = 0.16SI +	t = 3.01**，SE = 0.03
	0.52PA	t = 9.67***，SE = 0.03

从表5－32的结果可看出，第一步方程的系数为0.20，t值为3.96，通过显著性检验，表明店铺印象与溢价支付意愿存在正相关关系；第二步中两个方程系数分别为0.46、0.67，t值分别为12.38、19.63，通过显著性检验；第三步方程中店铺印象的系数为0.16，t值为3.01，该系数显著，表明场所依赖在店铺印象与溢价支付意愿中起着部分中介作用，因此支持假设H18。

5.7 调节变量的检验

本书中提出了三个调节变量：结构对应、偏好模糊及顾客介入，可能对不同的变量产生调节作用。本研究中运用回归分析法及 SPSS 软件来对调节变量的作用进行检验，即检验结构对应、偏好模糊两个变量对感知差异化各维度及享乐性价值和功用性价值的关系的调节作用，也包括对顾客介入的调节作用进行检验。

本书对调节变量的检验采用罗胜强等提出的检验方法，采取调节回归分析的方法，拟合两个方程：

$$Y = b_0 + b_1X + b_2M$$

$$Y = b_0 + b_1X + b_2M + b_3\bar{X} \times \bar{M}$$

其中，X 为自变量，Y 为因变量，M 为调节变量，$\bar{X}$ 和 $\bar{M}$ 分别为中心化后的自变量和调节变量的值。

1. 结构对应的调节作用检验

结构对应的四个测量题项分别与感知差异化的各维度相对应，故分别检验结构对应性对感知商品差异、感知服务差异、感知环境差异、感知促销差异对惠顾意愿及溢价支付意愿的调节作用。

结构对应对感知商品差异、感知服务差异、感知环境差异、感知促销差异与享乐性价值的调节作用，检验结果如表 5－33a、表 5－33b 所示：

表 5-33 结构对应的调节作用检验

(a) 因变量 = 享乐性价值

	变量	模型 1	模型 2	ΔR^2
自变量：感知商品差异	感知商品差异（PM）	0.408***	0.404***	
	结构对应（SA）	0.124***	0.118***	
	交互项（PM×SA）		-0.025	
	模型 R^2	0.225**	0.226**	0.001
自变量：感知服务差异	感知服务差异	0.428***	0.428***	
	结构对应（SA）	0.060*	0.057*	
	交互项（PS×SA）		-0.015	
	模型 R^2	0.209**	0.209**	0.000
自变量：感知环境差异	感知环境差异	0.427***	0.422***	
	结构对应（SA）	0.115***	0.106***	
	交互项（PE×SA）		-0.043	
	模型 R^2	0.230**	0.232**	0.002
自变量：感知促销差异	感知服务差异	0.431***	0.431***	
	结构对应（SA）	0.185***	0.186***	
	交互项（PS×SA）		0.004	
	模型 R^2	0.279**	0.279**	0.000

(b) 因变量 = 功用性价值

	变量	模型 1	模型 2	ΔR^2
自变量：感知商品差异	感知商品差异（PM）	0.307***	0.303***	
	结构对应（SA）	0.229***	0.223***	
	交互项（PM×SA）		-0.036	
	模型 R^2	0.205**	0.207**	0.002
自变量：感知服务差异	感知服务差异	0.398***	0.398***	
	结构对应（SA）	0.075*	0.053*	
	交互项（PS×SA）		0.086***	
	模型 R^2	0.191**	0.198**	0.007***

续表

	变量	模型 1	模型 2	ΔR^2
自变量：感知环境差异	感知环境差异	0.427***	0.419***	
	结构对应（SA）	0.141***	0.128***	
	交互项（PE×SA）		0.066*	
	模型 R^2	0.243**	0.246**	0.003**
自变量：感知促销差异	感知服务差异	0.504***	0.503***	
	结构对应（SA）	0.151***	0.144***	
	交互项（PS×SA）		−0.030	
	模型 R^2	0.334**	0.334**	0.000

从表 5－33a 的结果可看出，当享乐性价值为因变量时，结构对应对感知商品差异、感知服务差异、感知环境差异、感知促销差异与享乐性价值的调节作用均不显著，四个交互项的系数分别为－0.025、－0.015、－0.043、－0.004，均没有通过显著性检验，因此结构对应对感知差异化与享乐性价值无调节作用，因此拒绝假设 H20。

从表 5－33b 的结果可看出，当功用性价值为因变量时，结构对应对感知服务差异、感知环境差异与功用性价值的调节作用显著，感知服务差异与结构对应的交互项、感知环境差异与结构对应的交互项系数分为 0.086、0.066，均通过显著性检验，ΔR^2 显著，说明结构对应对感知服务差异、感知环境差异与功用性价值具有调节作用，增强它们之间的关系。因此支持假设 H19b、H19c，拒绝假设 H19a、H19d，因此 H19 部分支持。

2. 偏好模糊的调节作用检验

偏好模糊也同样存在顾客对商品、服务、环境、促销四方面的偏好模糊，因此本节也分别检验偏好模糊对感知商品差异、感知服务差异、感知环境差异、感知促销差异对惠顾意愿、溢价支付意愿的调节作用。检验结果如表 5－34a、表 5－34b 所示。

表 5－34 偏好模糊的调节作用检验

（a）因变量＝享乐性价值

	变量	模型 1	模型 2	ΔR^2
自变量：感知商品差异	感知商品差异（PM）	0.378***	0.378***	
	偏好模糊（PR）	0.177***	0.175***	
	交互项（PM×PR）		−0.005	
	模型 R^2	0.232**	0.232**	0.000
自变量：感知服务差异	感知服务差异	0.444***	0.430***	
	偏好模糊（PR）	0.032	0.073*	
	交互项（PS×PR）		−0.061*	
	模型 R^2	0.208**	0.211**	0.003*
自变量：感知环境差异	感知环境差异	0.422***	0.420***	
	偏好模糊（PR）	0.124***	0.112***	
	交互项（PE×PR）		−0.037	
	模型 R^2	0.236**	0.237**	0.001
自变量：感知促销差异	感知服务差异	0.443***	0.446***	
	偏好模糊（PR）	0.150***	0.158***	
	交互项（PS×PR）		0.032	
	模型 R^2	0.270**	0.271**	0.001

（b）因变量＝功用性价值

	变量	模型 1	模型 2	ΔR^2
自变量：感知商品差异	感知商品差异（PM）	0.301***	0.300***	
	偏好模糊（PR）	0.233***	0.217***	
	交互项（PM×PR）		−0.044	
	模型 R^2	0.206**	0.208**	0.002
自变量：感知服务差异	感知服务差异	0.405***	0.410***	
	偏好模糊（PR）	0.072*	0.059*	
	交互项（PS×PR）		−0.019	
	模型 R^2	0.191**	0.191**	0.000

续表

	变量	模型 1	模型 2	ΔR^2
自变量：感知环境差异	感知环境差异	0.438***	0.4349***	
	偏好模糊（PR）	0.108***	0.085***	
	交互项（PE×PR）		-0.072**	
	模型 R^2	0.240**	0.244**	0.004**
自变量：感知促销差异	感知服务差异	0.504***	0.505***	
	偏好模糊（PR）	0.150***	0.153***	
	交互项（PS×PR）		0.013	
	模型 R^2	0.333**	0.333**	0.000

从表 5-34a 的结果可以看出，当享乐性价值为因变量时，感知服务差异与偏好模糊的交互项系数为-0.061，通过显著性检验，ΔR^2 显著，说明偏好模糊对感知服务差异与享乐性价值的关系起着调节作用，削弱二者之间的关系。其他交互项均不显著，因此假设 H21b 得到支持，而拒绝其他假设。

从表 5-34b 的结果可以看出，当功用性价值为因变量时，仅有感知环境差异与偏好模糊的交互项系数为-0.072，通过显著性检验，ΔR^2 显著，说明偏好模糊对感知环境差异与享乐性价值的关系起着调节作用，使二者之间的关系削弱。其余交互项均不显著，ΔR^2 也不显著。因此 H22c 得到支持，其余假设被拒绝。

3. 顾客介入的调节作用

第三章中的理论模型提出顾客介入可能对享乐性价值、功用性价值、店铺印象与场所依赖的关系起着调节作用，也可能对享乐性价值、功用性价值与惠顾意愿、溢价支付意愿的关系产生调节作用。

对于顾客介入（CI）对享乐性价值（HV）、功用性价值（UV）、店铺印象（SI）与场所依赖（PA）的调节作用，可拟合以下两个多元线性回归方程进行检验，检验其交互项和 ΔR^2 是否显著：

$$PA = b_0 + b_1HV + b_2UV + b_3SI + b_4CI$$

$$PA = B_0 + B_1 HV + B_2 UV + B_3 SI + B_4 CI + B_{11} HV \times CI + B_{12} UV \times CI + B_{13} SI \times CI$$

检验结果如表5-35所示：

表5-35　调节效应的检验（因变量：场所依赖）

	HV	UV	SI	CI	HV×CI	UV×CI	SI×CI	R^2
模型1	0.091***	0.302***	0.352***	0.205***				0.619**
模型2	0.088***	0.279***	0.364***	0.204***	-0.032	-0.059*	0.022	0.623**

ΔR^2 为0.004，相应的F值为4.701，不显著的概率为0.003，通过显著性检验。

从表5-35可以看出，享乐性价值与顾客介入、店铺印象与顾客介入的交互项均不显著，而功用性价值与顾客介入的交互项显著，为-0.059，相应t值为-2.468，因此可判定顾客介入对功用性价值与场所依赖的关系起着削弱作用。因此支持假设H24，拒绝假设H23、H25。

按照上述方法，进一步检验顾客介入对享乐性价值、功用性价值与惠顾意愿关系的调节作用，检验结果如表5-36所示：

表5-36　调节效应的检验（因变量：惠顾意愿）

	HV	UV	CI	HV×CI	UV×CI	R^2
模型1	0.268***	0.394***	0.061*			0.393**
模型2	0.277***	0.375***	0.059*	0.017	-0.057*	0.395**

从表5-36的结果可看出，当因变量为惠顾意愿时，功用性价值与顾客介入的交互项显著，系数为-0.057；ΔR^2 为0.002，也通过F检验。因此顾客介入对功用性价值与惠顾意愿的关系起着调节作用，会削弱二者的关系。而享乐性价值与顾客介入的交互项不显著，因此支持假设H27，拒绝H26。

第三步检验顾客介入对享乐性价值、功用性价值与溢价支付意愿的调节作用，检验结果如表5-37所示：

表 5－37　调节效应的检验（因变量：溢价支付意愿）

	HV	UV	CI	HV×CI	UV×CI	R^2
模型 1	0.232***	0.223***	0.244***			0.342**
模型 2	0.242***	0.229***	0.240***	0.067*	0.011	0.347**

从表 5－37 的结果可看出，增加了交互项的模型 2 比模型 1 的 R^2 增加了 0.005，相应的 F 值为 5.157，通过 F 检验。当因变量为溢价支付意愿时，功用性价值与顾客介入的交互项系数为 0.067，通过显著性检验，而功用性价值与顾客介入的交互项不显著。因此可判定顾客介入对享乐性价值与溢价支付意愿的关系起着增强的作用，而不是假设中所提出的削弱作用，因此拒绝假设 H28、H29。

5.8 假设检验结果总结

根据本章的实证检验结果，可对理论模型中的各条假设进行检验，假设检验结果总结如表 5－38：

表 5－38　假设检验结果汇总

编号	研究假设	检验结果
H1	感知商品差异与享乐性价值存在正相关关系	支持
H2	感知商品差异与功用性价值存在正相关关系	不支持
H3	感知服务差异与享乐性价值存在正相关关系	不支持
H4	感知服务差异与功用性价值存在正相关关系	不支持
H5	感知环境差异与享乐性价值存在正相关关系	支持
H6	感知环境差异与功用性价值存在正相关关系	支持
H7	感知促销差异与享乐性价值存在正相关关系	支持
H8	感知促销差异与功用性价值存在正相关关系	支持
H9	感知商品差异与店铺印象存在正相关关系	不支持
H10	感知服务差异与店铺印象存在正相关关系	支持
H11	感知环境差异与店铺印象存在正相关关系	支持
H12	感知促销差异与店铺印象存在正相关关系	支持
H13	享乐性价值与惠顾意愿具有正相关关系，且场所依赖是中介变量	支持
H14	功用性价值与惠顾意愿具有正相关关系，且场所依赖是中介变量	支持
H15	店铺印象与惠顾意愿存在正相关关系，且场所依赖是中介变量	支持
H16	享乐性价值与溢价支付意愿存在正相关关系，且场所依赖是中介变量	支持
H17	功用性价值与溢价支付意愿存在正相关关系，且场所依赖是中介变量	支持

续表

编号	研究假设	检验结果
H18	店铺印象与溢价支付意愿存在正相关关系，且场所依赖是中介变量	支持
H19	结构对应会增强感知差异化与功用性价值间的关系	部分支持
H19a	结构对应越明显，感知商品差异与功用性价值间的关系会越强	不支持
H19b	结构对应越明显，感知服务差异与功用性价值间的关系会越强	支持
H19c	结构对应越明显，感知环境差异与功用性价值间的关系会越强	支持
H19d	结构对应越明显，感知促销差异与功用性价值间的关系会越强	不支持
H20	结构对应会增强感知差异化与享乐性价值间的关系	不支持
H20a	结构对应越明显，感知商品差异与享乐性价值间的关系会越强	不支持
H20b	结构对应越明显，感知服务差异与享乐性价值间的关系会越强	不支持
H20c	结构对应越明显，感知环境差异与享乐性价值间的关系会越强	不支持
H20d	结构对应越明显，感知促销差异与享乐性价值间的关系会越强	不支持
H21	偏好模糊性越强，感知差异化对享乐性价值的影响将被削弱	部分支持
H21a	偏好模糊性越强，感知商品差异对享乐性价值的影响将被削弱	不支持
H21b	偏好模糊性越强，感知服务差异对享乐性价值的影响将被削弱	支持
H21c	偏好模糊性越强，感知环境差异对享乐性价值的影响将被削弱	不支持
H21d	偏好模糊性越强，感知促销差异对享乐性价值的影响将被削弱	不支持
H22	偏好模糊性越强，感知差异化对功用性价值的影响将被削弱	部分支持
H22a	偏好模糊性越强，感知商品差异对功用性价值的影响将被削弱	不支持
H22b	偏好模糊性越强，感知服务差异对功用性价值的影响将被削弱	不支持
H22c	偏好模糊性越强，感知环境差异对功用性价值的影响将被削弱	支持
H22d	偏好模糊性越强，感知促销差异对功用性价值的影响将被削弱	不支持
H23	顾客介入程度越高，享乐性价值对场所依赖的影响程度将被削弱	不支持
H24	顾客介入程度越高，功用性价值对场所依赖的影响程度将被削弱	支持
H25	顾客介入程度越高，店铺印象对场所依赖的影响程度将会增强	不支持
H26	顾客介入程度越高，享乐性价值对惠顾意愿的影响程度将被削弱	不支持
H27	顾客介入程度越高，功用性价值对惠顾意愿的影响程度将被削弱	支持
H28	顾客介入程度越高，享乐性价值对溢价支付意愿的影响程度将被削弱	不支持
H29	顾客介入程度越高，功用性价值对溢价支付意愿的影响程度将被削弱	不支持

第6章

感知差异化对惠顾与支付意愿影响的多组比较

前面几章所探讨的理论模型是针对全体消费者的研究，但在现实中，消费者行为往往会受到一些人口统计变量（如收入、年龄等）的影响，具有不同人口统计特征的消费者往往会表现出不同的行为方式；同样，具有不同特性（如不同业态、不同位置）的零售企业在其差异化行为中也会呈现出不同特征。本章就重点对不同零售业态下、不同距离远近、不同收入下的顾客感知差异化对惠顾意愿及溢价支付意愿的影响机理进行比较。

6.1 不同业态下的模型比较

在不同业态下，由于零售商的经营侧重点会不同，就会导致消费者的行为模式发生变化。在零售业中区别较为明显是百货店与超市两种业态，从事不同业态的零售商由于所吸引的目标顾客不同，其所采取的零售要素策略存在明显的区别，因而其差异化的方式及差异化的程度就会不同。Seock（2009）提出在不同零售业态下，顾客对某些要素感知到的商场要素的重要性对顾客惠顾行为的影响可能会存在差异[162]。因此，探讨不同零售业态下顾客感知差异化对惠顾意愿及溢价支付意愿的影响机理的区别就很有必要。

在本研究的调查问卷中，首先将所调查的消费者最喜欢的大型零售商场的业态限定在百货店、大型超市及购物中心三种。调查问卷中专门设置一个题项，请顾客填写其最喜欢去的一家商场的名称，然后作者在问卷数据处理中将该商场名称转化为其所对应的业态。在所搜集到的样本中，消费者最喜欢去的商场为百货店的问卷有 728 份，最喜欢去的商场为超市的有 420 份。此外，商场业态为购物中心的为 144 份，其他业态 16 份。由于结构方程模型要求样本量与量表测量题项数之比至少为 5：1，购物中心和其他业态的样本量过少，远低于 5：1 的要求，因此本研究中不对购物中心业态下感知差异化对惠顾意愿的影响机理进行结构方程分析。购物中心往往有百货店或大型超市作为其中的主力店，而且购物中心通常与百货店在经营上比较类似，因此对百货店与大型超市的分析也可一定程度上反映出购物中心的顾客的行为。

通过对两个不同样本运用 LISREL8.70 软件进行拟合，分别得出百货店和超市两种不同业态下的感知差异化因素对顾客惠顾意愿及溢价支付意愿的影响机理模型结果，如表 6-1 所示：

表 6-1 百货店与超市不同业态下模型的比较

路径	百货店业态		超市业态	
	路径系数	T 值	路径系数	T 值
P1：感知商品差异→享乐性价值	0.07	0.81	0.19**	2.72
P2：感知商品差异→功用性价值	0.02	1.38	0.23**	3.30
P3：感知服务差异→享乐性价值	-0.08	-1.89	0.07	0.87
P4：感知服务差异→功用性价值	0.02	1.16	-0.15	-1.91
P5：感知环境差异→享乐性价值	0.39***	9.23	0.15*	1.99
P6：感知环境差异→功用性价值	0.48***	9.93	0.28***	3.75
P7：感知促销差异→享乐性价值	0.42***	5.86	0.41***	5.00
P8：感知促销差异→功用性价值	0.44***	6.67	0.45***	5.47
P9：感知商品差异→店铺印象	0.07	0.83	0.13*	2.09
P10：感知服务差异→店铺印象	0.12*	2.43	0.11	1.56
P11：感知环境差异→店铺印象	0.39***	11.24	0.52***	7.44
P12：感知促销差异→店铺印象	0.13**	2.73	0.19**	2.70
P13：享乐性价值→场所依赖	0.07	0.61	0.19***	3.70
P14：功用性价值→场所依赖	0.51***	10.28	0.48***	7.85
P15：店铺印象→场所依赖	0.32***	6.58	0.31***	4.50
P16：场所依赖→惠顾意愿	0.86***	20.89	0.66***	8.77
P17：场所依赖→溢价支付意愿	0.74***	16.12	0.57***	5.94

两组的拟合指数如表 6-2 所示：

表 6-2 两组模型的拟合指数

指数	χ^2/df	RMSEA	SRMR	GFI	AGFI	NNFI	NFI	CFI
百货组实际值	4.01	0.064	0.058	0.82	0.80	0.98	0.97	0.98
超市组实际值	3.68	0.077	0.061	0.85	0.81	0.96	0.95	0.96
建议值	<5	<0.1	<0.08	>0.8	>0.8	>0.9	>0.9	>0.9

从表 6－2 结果可看出，不同业态下的结构方程模型拟合指数均达到合理范围，说明模型拟合程度较好，具有可信性。

百货业态下与超市业态下两组模型间的差别主要体现在显著程度上，而不是系数不同即可认为有差别。从表 6.1 的结果可以看出，两组模型各路径系数存在以下明显不同：

（1）路径 1、路径 2 中感知商品差异与享乐性价值之间的关系在两组中的系数的显著性明显存在不同。在百货业态下感知商品差异与享乐性价值、功用性价值无显著关系，而在超市业态下感知商品差异与享乐性价值、功用性价值的关系却在 $P<0.01$ 的概率下显著。

这说明超市业态下的商品差异化与顾客享乐性、功用性价值的关联程度更大，也一定程度上反映出超市的商品经营能力、商品差异化程度比百货店的更强。

（2）路径 5 中感知环境差异与享乐性价值的路径系数也存在明显不同，在百货组中该系数的显著性明显要强于超市组。

这一结果说明百货店中顾客感知到的环境上的差异较为明显，对顾客的享乐性价值具有较大的影响程度。百货店往往致力于营造更有特色、更舒适的店铺环境，相当于超市来说在店铺环境上更为讲究，因此百货店的环境上的差别化更能够给顾客带来享乐性价值。

（3）路径 9 和路径 10 中感知商品差异、感知服务差异与店铺印象的系数在两组中存在显著差异，百货业态下感知服务差异对店铺印象的影响显著，而超市业态下不显著；反之，超市业态下感知商品差异对店铺印象的影响显著，而百货业态的不显著。

这一结果显示顾客在百货店中的感知服务差异相对于超市来说更为突出，对顾客的店铺印象影响程度更大，而顾客在超市中的感知商品差异相对于百货店更为突出。

（4）路径 13 中享乐性价值与场所依赖的系数在显著性上存在明显区别，在百货业态下，享乐性价值与场所依赖无显著关系；而在超市业态下，享乐性价值与场所依赖存在显著的关联。

这一结果反映出百货店普遍能给顾客提供较高的享乐性价值，顾客已经普遍认为这是百货店的应有的条件，不会因为百货店提供的享乐性价值而产生场所依赖。而超市则不同，以往超市更注重的是功用性价值，当超市能给顾客带来一定的享乐性价值时，便能够引起顾客的场所依赖。

6.2 距离远近下的模型比较

顾客与零售店间的距离是影响顾客对零售店惠顾的一个重要因素，越来越多的零售商也认识到选址要更能贴近消费者。因此，分析顾客惠顾意愿的形成不可避免的要考虑顾客与零售商空间距离的因素。

本研究中所探讨的距离是顾客的心理距离，因为同样长度的物理距离对不同顾客来说，其主观上对该段距离远近的感觉是不同的，因此在本研究中主要分析顾客主观上对其与零售店距离远近情况下的感知差异化的作用机理的比较。在具体测量中，量表中让顾客判断其最喜欢去的零售店与其家庭住所或工作单位是否很近。

根据顾客对距离远近的判断结果进行分类，顾客认为其最喜欢去的商场与其家庭住所或工作单位近的有 855 份问卷，认为距离远的有 443 份。对两组分别进行模型拟合，得出结果如表 6－3 所示：

表 6－3 距离远近下的模型拟合比较

路径	距离近		距离远	
	路径系数	T 值	路径系数	T 值
P1：感知商品差异→享乐性价值	0.02	0.37	0.10	1.40
P2：感知商品差异→功用性价值	－0.07	－1.23	0.17*	2.41
P3：感知服务差异→享乐性价值	－0.12	－2.31	－0.15	－4.19
P4：感知服务差异→功用性价值	－0.24	－4.48	－0.22	－4.83
P5：感知环境差异→享乐性价值	0.48***	7.16	0.48***	6.90
P6：感知环境差异→功用性价值	0.57***	8.22	0.51***	7.41

续表

路径	距离近		距离远	
	路径系数	T值	路径系数	T值
P7：感知促销差异→享乐性价值	0.43***	7.97	0.47***	7.08
P8：感知促销差异→功用性价值	0.54***	9.42	0.59***	8.32
P9：感知商品差异→店铺印象	0.11*	2.44	0.08	1.44
P10：感知服务差异→店铺印象	0.19***	4.44	0.15**	2.94
P11：感知环境差异→店铺印象	0.42***	11.77	0.40***	9.64
P12：感知促销差异→店铺印象	0.18***	4.31	0.33***	7.19
P13：享乐性价值→场所依赖	0.12**	3.57	0.08	1.50
P14：功用性价值→场所依赖	0.46***	10.96	0.40***	6.97
P15：店铺印象→场所依赖	0.41***	9.95	0.43***	7.10
P16：场所依赖→惠顾意愿	0.81***	11.77	0.92***	17.37
P17：场所依赖→溢价支付意愿	0.68***	4.31	0.76***	13.63

两组模型的拟合指数如表6－4所示：

表6－4　两组模型的拟合指数

指数	χ^2/df	RMSEA	SRMR	GFI	AGFI	NNFI	NFI	CFI
近距离组拟合指数	4.25	0.062	0.058	0.83	0.81	0.98	0.97	0.98
远距离组拟合指数	3.67	0.073	0.065	0.82	0.81	0.97	0.95	0.97
建议值	<5	<0.1	<0.08	>0.8	>0.8	>0.9	>0.9	>0.9

表6－4的拟合指数结果显示两组模型的拟合效果均较好。

从表6－3的拟合结果可看出，顾客认为的商场与其家庭或工作场所距离近时与距离远时的感知差异化对惠顾意愿与溢价支付意愿的影响过程基本差别不大，其中仅有感知商品差异与功用性价值、感知商品差异与店铺印象、享乐性价值与场所依赖三条路径的系数在显著性上存在差别。

这三条路径结果反映出：

（1）路径2的结果显示出远距离购物的顾客相较于近距离购物的顾客更为关注商品的差异化，远距离购物的顾客对该零售店的感知商品差异与其功用性价值存在更大的关联。这也一定程度上说明零售店商品上的差异化更有利于吸引与店铺距离较远的消费者。

（2）路径 9 的结果显示感知商品差异对近距离顾客的店铺印象具有显著的影响，而远距离的顾客却没有；

（3）当顾客与其最喜欢的零售商场距离较近时，享乐性价值对顾客场所依赖的形成具有显著的影响，而顾客与最喜欢的零售商场距离较远时，享乐性价值与场所依赖无显著关系。

6.3 不同层次收入的模型比较

在营销学的市场细分理论中，收入是一个重要的人口统计细分变量，而且是一个长期的习惯做法，也是一种有效且方便的细分变量（Coleman 1983）[163]。在零售背景下，收入同样是一个重要的细分标准。

以往研究中已经证实不同收入阶层对购物过程中价值侧重点会有区别，Bellenger（1977）的研究就认为低收入群体更倾向于是娱乐型购买者，低收入的人群更喜欢在购物中去获取乐趣及休闲；而高收入人群则更倾向为经济型购买者，他们由于重视时间及效率，更主要地将购物作为一种任务，不仅仅算货币上的经济，还包括注重时间及精力上的经济。娱乐型购买者与经济型购买者实际上区别就在于是侧重享乐性价值还是功用性价值[164]。

在本书的理论框架中，享乐性价值与功用性价值是两个重要的潜变量，收入对这两个变量造成的影响将可能会进一步影响整个模型，因此有必要对不同收入层级下的顾客感知差异化对惠顾意愿及溢价支付意愿影响机理模型进行分组比较。

在进行收入划分时，研究中通行的做法是将消费者家庭收入划分为高、中、低三档，但在具体金额划分上各研究采取的标准却往往不同，这通常受到地理区域、时间序列、通货膨胀等因素的影响。中华人民共和国国家统计局公布的2009年统计年鉴中的数据显示，2008年全国城镇居民平均每人全年家庭总收入为17067.78元人民币[165]，若按普通三口之家计算，城镇居民平均家庭年收入约为 5.1 万元。考虑近年的通货膨胀因素，并参考之前财政部等机构相关研究报告建议的 6 万元的中等收入水平，本书也将 6 万元作为划分中等收入与低收入的标准。若以该收入水平为平均数，则超出该收入水平的人群即可被视为中等收入人群，低于此收入水平的人群视为低收入人群，而家庭年收入超出 20 万元的可被视为高收入人群。

在本研究的调研问卷中，被调查消费者中家庭月收入 5000 元以下（即年收入 6 万元以下）的共有 553 人，即为低收入者；而家庭月收入在 17000 元以上（即年收入在 20 万元以上）的仅有近 90 人，若将高收入者单独列出将无法拟合改组模型。故本书将家庭月收入在 5000 元以上的人群划分为中低收入及中高收入两档，其中中低收入人群为家庭月收入 5000 - 11999 元，中高收入者为家庭月收入 12000 元以上，这样中低收入层次共有 509 人，中高收入者为 236 人。

其中中高收入的消费者数量较少，主模型各潜变量的测量题项共有 46 道，样本量与题项之比达到 5.1∶1，超过了 5∶1 的下限，因此也可以进行模型拟合。

根据这三组不同收入水平消费者调查数据分别运用 LISREL8.70 软件进行结构方程模型拟合，得出结果如表 6 - 5 所示：

表 6 - 5　不同收入水平下的模型比较

路径	低收入		中低收入		中高收入	
	路径系数	T 值	路径系数	T 值	路径系数	T 值
P1：感知商品差异→享乐性价值	-0.12	-1.55	0.08	1.34	-0.07	-0.86
P2：感知商品差异→功用性价值	-0.19	-2.36	0.08	1.25	-0.10	-0.80
P3：感知服务差异→享乐性价值	-0.24	-3.36	-0.13	-1.92	0.08	1.02
P4：感知服务差异→功用性价值	-0.20	-3.04	-0.03	-1.13	0.04	0.31
P5：感知环境差异→享乐性价值	0.35***	5.22	0.34***	4.79	0.69***	6.97
P6：感知环境差异→功用性价值	0.44***	6.03	0.34***	4.54	0.69***	4.36
P7：感知促销差异→享乐性价值	0.50***	7.71	0.45***	8.09	0.09	1.58
P8：感知促销差异→功用性价值	0.63***	8.61	0.55***	8.97	0.24*	2.16

续表

路径	低收入		中低收入		中高收入	
	路径系数	T值	路径系数	T值	路径系数	T值
P9：感知商品差异→店铺印象	0.02	0.29	0.06	1.39	0.19**	2.52
P10：感知服务差异→店铺印象	0.17**	3.01	0.16**	3.08	0.24**	2.90
P11：感知环境差异→店铺印象	0.49***	8.33	0.51***	8.28	0.48***	6.46
P12：感知促销差异→店铺印象	0.41***	7.92	0.28***	5.68	0.10	1.03
P13：享乐性价值→场所依赖	0.09*	2.05	0.12**	2.78	0.08	0.84
P14：功用性价值→场所依赖	0.52***	8.46	0.38***	7.91	0.37***	6.46
P15：店铺印象→场所依赖	0.33***	6.02	0.46***	9.23	0.49***	15.59
P16：场所依赖→惠顾意愿	0.86***	15.81	0.84***	20.03	0.88***	9.44
P17：场所依赖→溢价支付意愿	0.74***	12.99	0.66***	13.28	0.75***	7.29

从表6－5结果可以看出，三组不同收入水平的消费者其感知差异化对惠顾意愿及溢价支付意愿的作用过程略有不同，主要体现在：

（1）路径2、3、4中，低收入组感知商品差异与功用性价值、感知服务差异与享乐性及功用性价值的系数与中低、中高收入组的系数存在显著差别。低收入组中这些变量间的路径系数为负，说明其感知商品差异、感知服务差异不能带来享乐性价值与功用性价值。

产生这一结果的原因有待于进一步探讨，但一种可能是零售商的商品差异化、服务差异化往往会带来着价格的提高，这可能会降低顾客的功用性价值；此外这些差异化可能不能为低收入消费者所接受，或不被认可，也就不能带来享乐性价值。

（2）在感知促销差异与享乐性价值、功用性价值的路径系数上中高收入组与其他两组存在显著差别，即如路径7、8的结果所示。低收入组及中低收入组中感知促销差异与享乐性价值、功用性价值之间存在显著的强正向影响，而中高收入组中却影响非常微弱，感知促销差异与享乐性价值无显著关系，与功用性价值也仅在 $P<0.05$ 下显著。

产生这一结果的原因主要是中高收入人群对促销上的差异化相对于其他两组人群并不敏感，这一人群往往具有较宽的视野，对于商家在促销上的差别化并不敏感，特别不容易促进其享乐性价值的产生。

（3）在店铺印象的形成上，感知商品差异与感知促销差异的作用在三组中有显著区别，即如路径 9、12 结果。在中高收入组中，感知商品差异对店铺印象有显著影响，而在其他两组中却无显著影响。而感知促销差异则恰恰相反，对低收入组和中低收入组有显著影响，却对中高收入组无显著影响。这反映出中高收入组的店铺印象会受到感知商品差异的影响，却不受感知促销差异的影响。

（4）路径 13 的三个系数结果显示，享乐性价值对三类人群场所依赖的影响存在区别。中高收入组中，享乐性价值对场所依赖无显著影响，而对其他两组却有显著影响。

这一结果也验证了 Bellenger 的理论，即低收入者更偏向于一个娱乐性的购买者，看重购物过程中的娱乐消遣因素，当商场能够提供较好的享乐性价值时，就很容易使其依赖、认同这家商场。而中高收入者则更注重效率，是经济型购买者，他们并不把购物视作一个娱乐消遣的事情，商场所能提供的享乐性价值并不足以吸引他们，使他们依赖、认同该商场。

以上三组模型的拟合效果也基本较好，拟合指数均达到建议值的合理范围内，具体结果如表 6－6 所示：

表 6－6　三组模型的拟合指数

指数	χ^2/df	RMSEA	SRMR	GFI	AGFI	NNFI	NFI	CFI
低收入组拟合指数	3.14	0.062	0.055	0.81	0.80	0.97	0.96	0.98
中低收入组拟合指数	3.69	0.073	0.070	0.87	0.84	0.96	0.95	0.97
中高收入组拟合指数	2.71	0.082	0.078	0.89	0.85	0.95	0.93	0.96
建议值	<5	<0.1	<0.08	>0.8	>0.8	>0.9	>0.9	>0.9

三组模型的拟合指数均处于可接受的范围，也说明三组模型的可靠度较好，结论基本可信。

第7章

研究结论与讨论

本书在零售归类模型的基础上结合前人的大量研究，提出了零售顾客的感知差异化及其构成维度对惠顾意愿及溢价支付意愿的影响机理的理论模型。本书通过大规模调查对该理论模型进行实证检验，进一步完善了该模型，本章所总结出的结论，即是对该模型的验证结果。

7.1 研究结论与讨论

1. 主要研究结论

(1) 感知差异化各因素对购物价值的影响程度有明显区别

本书探讨了感知差异化的构成因素，确立了感知商品差异、感知服务差异、感知环境差异及感知促销差异的四个维度，进而分析感知差异化的构成因素对享乐性价值与功用性价值的影响。

研究结果发现，感知商品差异、感知环境差异、感知促销差异与享乐性价值均有正相关关系，其中感知促销差异对享乐性价值的作用最大，感知环境差异、感知商品差异的影响程度稍弱。感知服务差异却对顾客的享乐性价值无显著影响。

感知环境差异、感知促销差异与功用性价值有正相关关系，依然是感知促销差异对功用性价值的影响程度最高。而研究结果却显示，感知商品差异、感知服务差异对功用性价值无显著影响。

(2) 感知差异化各因素对店铺印象的形成均有显著影响

本研究发现感知差异化下四个因素均对店铺印象的形成具有显著影响，其中感知服务差异、感知环境差异、感知促销差异与店铺印象具有正相关关系，即这三方面因素的差异化可以有效地提升顾客对零售店铺的印象。而感知商品差异却与店铺印象存在负相关关系。

(3) 功用性价值、享乐性价值、店铺印象是惠顾意愿和溢价支付意愿的重要影响因素，场所依赖是其中的一个重要的中介变量功用性价值、享乐性价值是对顾客惠顾意愿和溢价支付意愿的形成具有显著的正向影响，但功用性价值、享乐性价值对惠顾意愿并不是直接的影响，而需要通过场所依赖来影响惠顾意愿，也即顾客的功用性价值、享乐性价值产生后，并不能直接产生惠顾意愿，而是会先审视该商场与自己的精神上的、功能上的联系，再产生惠顾意愿。功用性价值、享乐性价值均与场所依赖有直接的正相关关系，而场所依赖与惠顾意愿有直接的正相关关系。

与惠顾意愿不同，功用性价值、享乐性价值对溢价支付意愿的影响有两条路径，一条是功用性价值、享乐性价值与溢价支付意愿具有直接的正相关关系，同时功用性价值、享乐性价值也会通过场所依赖的中介作用再影响溢价支付意愿。

店铺印象对惠顾意愿与溢价支付意愿也均有正向影响，场所依赖在店铺印象与惠顾意愿、溢价支付意愿的关系中起着部分中介作用，店铺印象即可以直接对惠顾意愿、溢价支付意愿产生正向影响，也可以通过场所依赖进而影响惠顾意愿及溢价支付意愿。

（4）结构对应对感知差异化与功用性价值的关系具有一定的调节作用，而对感知差异化与享乐性价值的关系无调节作用

结构对应可以增强感知服务差异、感知环境差异与功用性价值的关系，也就意味着零售商的差异化的结构对应性越强，即越能被顾客直接比较，则感知服务差异、感知环境差异对功用性价值的影响程度会更大。

（5）偏好模糊对感知服务差异与享乐性价值、感知环境差异与功用性价值的关系具有调节作用

偏好模糊对感知服务差异与享乐性价值的关系具有削弱作用，这意味着顾客本身对感知到的各商场的不同服务的偏好越模糊，感知服务差异与享乐性价值的关系将被削弱，也即当顾客的偏好次序越不明晰，感知服务差异就越难使顾客产生享乐性价值。

偏好模糊对感知环境差异与功用性价值的关系具有削弱作用，当顾客对各商场不同环境要素的偏好越模糊时，感知环境差异对功用性价值的影

响程度就越弱。

（6）顾客介入对功用性价值与场所依赖、功用性价值与惠顾意愿、享乐性价值与溢价支付意愿的关系起着调节作用

顾客介入对功用性价值与场所依赖的关系具有削弱的调节作用，当顾客介入程度越高，意味着顾客认为该场所的重要性、与自身的关联度越高，此时往往场所依赖程度受功用性价值的影响程度会降低。

顾客介入对功用性价值与惠顾意愿也具有削弱作用，顾客介入程度越高，顾客会倾向于花费更大的努力进行信息搜寻，此时顾客对实际价值具有更全面的了解，因此也就相对更难形成场所依赖，即削弱了功用性价值与惠顾意愿的关系。

顾客介入却能增强享乐性价值与溢价支付意愿的关系，顾客介入程度越高时，享乐性价值越能促进顾客的溢价支付意愿。

（7）不同零售业态、不同距离远近、不同顾客收入水平情况下感知差异化对顾客惠顾意愿及溢价支付意愿的影响机理存在一定的区别

在不同零售业态下，感知差异化各维度所起的作用略有不同。超市业态下的感知商品差异对购物价值、店铺印象的作用略强于百货业态，而百货业态顾客的感知环境差异的作用则强于超市业态。尽管感知服务差异对购物价值在两种业态下均无显著影响，但百货业态下的感知服务差异对店铺印象则有一定影响。此外，超市业态下享乐性价值能引起顾客场所依赖，百货业态下则不能。

不同距离远近下两组的差别不明显，主要差别在感知商品差异上。相对于近距离顾客，远距离顾客的感知商品差异对功用性价值有更大的影响。

在不同顾客收入水平下感知差异化的作用机理区别较为明显，低收入组感知商品差异、感知服务差异不能带来享乐性价值与功用性价值，而其他两组均可。另外，低收入和中低收入组的顾客更关注感知促销差异，而中高收入组则受此影响不大。享乐性价值可以使低收入、中低收入组顾客产生场所依赖，而高收入组不会。

2. 对研究结论的讨论

本书中出现了一些与原假设不符的研究结论，对于这些结论有必要做进一步探讨与分析，了解出现不符现象的原因。

（1）关于感知商品差异对购物价值影响的讨论

本书研究发现感知商品差异对享乐性价值具有显著影响，但对功用性价值无显著影响，与原假设不符。产生这一现象的原因在于：零售商在商品上的差异化行为往往表现为推出新产品、增加更时尚流行的商品、调整商品品类配置、推出独特的商品等，这些差异化的举措对于持有享乐性倾向的顾客具有吸引力，如追求新产品、个性化商品以及时尚流行的顾客。但对于持功用性倾向的顾客，这些举措并不能带来太大的吸引力，这些顾客追求的是节省时间、一站式购物、买自己真正需要的商品，因此这些差异化行为并不能给他们带来太大的功用性价值。

（2）关于感知服务差异对购物价值影响的讨论

本研究结果显示，感知服务差异与享乐性价值没有显著的相关关系，感知服务差异与功用性价值存在显著的负相关关系，这也与理论假设不符。这一结果并不是意味着感知服务差异与享乐性价值、功用性价值之间真正不存在正相关关系，之所以产生这一现象恰恰是因为零售商在服务上的差异化努力还远没有起到应有的效果。

目前中国的零售商大多致力于店铺环境的建设以及促销活动的设计，而在服务水平的提升、服务产品的开发上投入不足，而且各家商场的服务内容、服务水平基本相似，顾客将会因此感到商场服务并无差异，因此也就不会对享乐性价值产生影响。而在功用性价值的形成上，服务差异化的效果也因此远不及便利的购物环境、有效的促销活动给顾客带来的价值，甚至对顾客功用性价值产生负向影响。

（3）关于结构对应、偏好模糊的调节作用的讨论

在本书中，结构对应、偏好模糊的调节作用仅有四条假设得到通过，说明结构对应与偏好模糊性对零售企业整体的差异化特征与购物价值的作

用与其对单个产品的差异化与购物价值的作用完全不同。在单个产品或服务的购买决策下，结构对应与偏好模糊对产品或服务差异化与购买意愿的关系有明显的调节作用，而在对零售店铺的评价与选择的背景下，这一作用只在少数情况下产生。出现这一现象的一个重要原因正是由于单个商品的购买决策过程与店铺选择的决策过程有很大的差异。

7.2 理论贡献与管理启示

1. 理论贡献

本书的主要理论贡献体现在以下几个方面：

（1）从顾客对零售企业的感知差异化的角度，确立了感知差异化的构成维度及其对顾客惠顾意愿、溢价支付意愿的影响机理

本书最主要的研究结果、也即本书最主要的理论贡献是确立了零售企业顾客感知差异化的构成因素对惠顾意愿、溢价支付意愿的影响机理。学者们一直普遍认为零售企业差异化可以提高企业绩效，但差异化如何有效提升顾客的惠顾意愿及愿意支付价格溢价一直缺乏深入研究。

本书在前人大量研究基础上，深入分析了零售企业顾客感知差异化构成因素对惠顾意愿、溢价支付意愿的影响机理，并通过大规模调查的实证方法对该过程进行检验，本书最终确定的感知差异化对顾客惠顾意愿、溢价支付意愿的影响机理可总结如下：

零售企业的差异化特征被顾客感知后，即形成顾客的感知商品差异、感知服务差异、感知环境差异及感知促销差异。这些感知差异化因素并不是直接引起顾客的惠顾意愿和溢价支付意愿，而是需要经历一定的过程，这一过程中主要包括感知购物价值、店铺印象、场所依赖等环节。

感知差异化会引起顾客的享乐性价值与功用性价值，但并不是所有感知差异化的构成因素都对顾客的购物价值产生直接影响，其中的感知商品

差异、感知环境差异、感知促销差异对享乐性价值有正向影响，感知环境差异、感知促销差异对功用性价值有正向影响。感知差异化还会引起顾客记忆，影响顾客的店铺印象。其中感知服务差异、感知环境差异、感知促销差异对店铺印象有正向影响，感知商品差异对店铺印象有负向影响。

享乐性价值、功用性价值和店铺印象进而会对顾客的惠顾意愿及溢价支付意愿产生影响，其中还会受到场所依赖的中介作用。享乐性价值、功用性价值对惠顾意愿的影响要完全通过场所依赖的中介，而店铺印象既可直接影响惠顾意愿，又可通过场所依赖的中介再影响惠顾意愿。场所依赖在享乐性价值、功用性价值、店铺印象对溢价支付意愿的过程中都起着部分中介的作用。功用性价值及店铺印象对惠顾意愿、溢价支付意愿的影响程度高于享乐性价值的影响程度。

（2）分析了感知差异化各构成因素对后续变量的不同作用

以往关于零售企业差异化的研究是将差异化作为零售商的整体状态来研究，或者仅仅单纯分析某一个方面差异化的效果，而对零售商不同方面差异化对后续变量的影响效果是否不同却少有研究。

本书将零售企业感知差异化进行分解，具体分析零售商在零售组合要素上的差异化为顾客感知到的后续效果，比较了各个不同差异化因素的效果的区别。研究基于中国三个城市的数据发现，目前感知促销差异是对享乐性价值、功用性价值及店铺印象影响程度最大的因素，而感知服务差异却几乎对享乐性价值和功用性价值没起到作用，因而对这些理论在中国市场的适用性提出了疑问。

（3）确立了场所依赖在零售顾客惠顾形成中的中介作用

场所依赖最早是旅游学、人文地理、环境心理学中的概念，Babin（2006）等人首次将场所依赖引入到零售业的研究中，但并没有验证场所依赖在顾客惠顾意愿形成中的作用，其他国内外零售业的研究中较少涉及此概念。本书通过实证研究确立了场所依赖在顾客购物价值等与惠顾意愿、溢价支付意愿形成中的中介作用，对场所依赖的后续作用的研究进行了补充。

（4）探究了感知差异化对顾客惠顾意愿、溢价支付意愿形成过程中的其他调节变量、控制变量的作用

感知差异化各因素对惠顾意愿、溢价支付意愿的影响过程中，必然要受到调节因素的影响，本书探究了结构对应、偏好模糊和顾客介入在其中的调节作用。通过结构对应、偏好模糊对感知差异化与购物价值关系的调节作用检验发现结构对应与偏好模糊在单个产品购买决策中的作用与店铺选择中的作用有很大的差异，结构对应、偏好模糊仅对感知服务差异与功用性价值的关系、感知环境差异与功用性价值的关系等少数关系产生调节作用。

既往理论认为顾客介入程度对消费者购买意愿具有广泛的调节作用，本书研究结果发现顾客介入则主要对功用性价值与场所依赖、惠顾意愿的关系有调节作用，对享乐性价值与溢价支付意愿的关系也有调节作用，而不是对所有关系都具有调节作用。

2. 管理启示

本书的研究结果对零售商的管理实践能够带来一定的启示，主要体现在：

（1）差异化可以影响顾客的惠顾意愿及溢价支付意愿，但并不足够，零售商要吸引消费者更重要的是达到杰出（Distinctiveness）

从本书的实证研究结果来看，感知差异化的构成因素的确能够通过一系列变量的传导从而影响顾客的惠顾意愿和溢价支付意愿。但是差异化并不是惠顾意愿和溢价支付意愿形成的直接因素，对于顾客来说更为重要的这些差异化能不能带来更大的价值以及差异化能不能提升他们心目中的店铺印象。因此对于零售商来说，要提升顾客的惠顾意愿和溢价支付意愿，单纯实现差异化还不够，更重要的是要实现杰出，即在某一方面做到最佳、与竞争者相比能给顾客带来最大的价值，而在其他方面并不低于行业平均水平。这一启示也得到了 Twigger - Ross 和 Uzzel（1996）[166]、Carpenter 和 Glazerl（1994）等人的研究结果的印证，他们的研究结果也都认为在

某一方面实现杰出将能更好地吸引顾客、为企业赢得竞争优势。

因此，零售商应该在自己具有一定优势的领域上加大投入以实现杰出，更好地吸引消费者，而不需要在效果不大的差异化策略上盲目投入，这有助于零售商的成本控制与差异化之间的平衡。

（2）与享乐性价值相比，功用性价值对顾客惠顾意愿与溢价支付意愿的影响更大，所以零售商的重点还是要向顾客提供更高的功用性价值

本书的研究结果可以看出，功用性价值对惠顾意愿和溢价支付意愿的影响程度明显高于享乐性价值，因此对于零售商来说，尽管向顾客提供享乐性价值很重要，但首先还是需要向顾客提供更高的功用性价值。功用性价值的提供主要体现在节省顾客的购物时间、尽可能为目标顾客提供充足的其所需要的商品或服务等措施上。

此外，对高介入度的顾客也需要着重提升功用性价值。对高介入度的顾客，由于其认为该商场对自己很重要、与自己关联很大，因此往往已经对该商场有充分的认识，因此功用性价值对提升其场所依赖的作用将减少，因为顾客已经有充分的准备和经验。因此，对高介入度的顾客要提升其场所依赖就需要提供更大的功用性价值，这也就意味着零售商对真正关注、重视本商场的顾客需要持续地提供高价值以维持其依赖的情感，从而更好地影响其惠顾意愿和溢价支付意愿。

（3）零售商需要致力于提升自身的店铺印象

店铺印象是顾客对零售店经营组合要素的综合的、带有价值判断的记忆，顾客的店铺印象对其惠顾意愿及溢价支付意愿起着重要的直接或间接的作用。在现实中，顾客的店铺印象很可能是其惠顾行为的决定性因素，而且顾客的店铺印象一旦形成便很难改变，除非零售商有足够大的变化以改变这种记忆。因此零售商需要着力塑造好的店铺印象，才能有效提升顾客的惠顾意愿及溢价支付意愿。

（4）零售商需要注重顾客场所依赖的形成

场所依赖对零售研究来说是一个较新的概念，尚未被普遍知晓。但本书研究已证明，场所依赖是零售顾客的感知差异化到顾客惠顾意愿、溢价

支付意愿形成过程中的一个重要的中间环节。零售商如能有效促进顾客场所依赖的形成，将有效推动顾客惠顾意愿及溢价支付意愿的形成。

关于场所依赖的形成，除了本书提出的享乐性价值、功用性价值、店铺印象三个影响因素外，旅游学、环境心理学的学者对此作了大量的研究，例如 Gross 和 Brown（2008）提出吸引力、自我表达、中心性这三个要素会直接影响场所依赖。由于场所依赖的影响因素并非本书的研究重点，故不作深入探讨。但正如本书第三章理论阐述中所说，场所依赖的形成可以从推动顾客的精神性依赖和功能性依赖两方面进行，因此提高享乐性价值和功用性价值将是零售商的一种重要策略。

（5）零售商需要注重提升服务差异化、环境差异化的结构对应性（可比性）

本书研究发现结构对应性对顾客的感知服务差异、感知环境差异与功用性价值的关系起增强作用。当顾客发现零售商场的服务及环境上的差异化难以进行直接比较时，将会削弱这些差异化对功用性价值的影响程度，也就是变得不容易产生功用性价值。因此零售商可以采取增进服务和环境差异的可对比性，例如充分实现服务的有形展示、在环境设计上做到最优等，将有助于提高结构对应性，从而更好地促进顾客功用性价值的形成。

（6）对待不同收入层次的目标顾客要采取不同的差异化策略

若商场的目标顾客集中在中高收入者，零售商必须强调商品、服务的差异化，不需要在一般性促销上投入过多，而如果目标顾客是中低收入者，则应注重促销的差异化。此外，对待低收入或中低收入的目标顾客也同样需要提供享乐性价值，因为享乐性价值可以提升其场所依赖，但需要注重投入成本与所获取的价格溢价之间的平衡。

7.3 研究局限与展望

本书的研究局限主要体现在：

（1）本研究的局限主要在于采用的是大规模调查的研究方法，对本研究中所涉及的各个构念之间只能判断其是否存在相关关系，尽管结构方程的路径分析有助于理解构念间的因果关系，但依然不能最终确认构念间是否存在因果关系。未来需要采用严格的实验法来研究构念间的因果关系。

（2）在感知差异化的构成维度中，由于本书是在零售组合基础上提出的感知差异化的四维度，但由于前人研究文献缺乏直接的深入研究，特别是现有研究中对感知促销差异的研究较少，可供直接借鉴引用的文献较少，因此导致感知差异化构成维度分析上的理论基础尚显不够扎实；

（3）结构对应与偏好模糊这两个调节变量的作用在本书的实证研究中已经证明与单个产品购买决策中的作用存在明显区别，但本书的结果是基于调查研究基础上的，而过去的对结构对应与偏好模糊的研究大多是基于实验法，本研究由于条件限制没能进行实验研究。

因此，关于本研究问题未来进一步研究的方向是：

（1）本书是从顾客的感知差异化角度来探讨零售商的差异化对顾客惠顾意愿及溢价支付意愿的影响机理，未来研究可以运用 HLM（多层线性模型）研究零售商视角的差异化行为对顾客惠顾行为的影响；

（2）未来还可以对零售顾客场所依赖的形成进行深入研究，探讨影响场所依赖的其他因素，并可将场所依赖中的精神性依赖和功能性依赖分为两个构念来分别研究，并研究场所依赖的后续结果变量。

参 考 文 献

[1] 杰克·特劳特，史蒂夫·里夫金著，屈陆民译．与众不同——极度竞争时代的生存［M］．北京：华夏出版社，2005. 1：57－145

[2] Miller，D.，P. H. Friesen. Porter's Generic Strategies and Performance：An Empirical Examination with American Data. Part 1：Testing Porter［J］．Organization Studies，Vol. 7（1），1986：37－55

[3] 迈克尔·波特著，陈小悦译．竞争优势［M］．北京：华夏出版社，2005：13－14

[4] Romaniuk J.，Sharp B.，Ehrenberg A. Evidence Concerning the Importance of Perceived Brand Differentiation［J］．Australasian Marketing Journal，Vol. 15（2），2007：42－54

[5] Gauri D. K.，Trivedi M.，Grewal D. Understanding the Determinants of Retail Strategy：An Empirical Analysis［J］．Journal of Retailing，Vol. 84（3），2008：256－267

[6] 李飞，王高等．中国零售管理创新［M］．北京：经济科学出版社，2007. 10：80－81

[7] 罗伯特·K·殷著，周海涛译．案例研究：设计与方法［M］．重庆：重庆大学出版社，2004：116－123

[8] 朱蕊．从青岛利群看百货零售业突围的途径［J］．中国市场，2006. 3：28－31

[9] 威拉德·N·安德，尼尔·Z·斯特恩．零售商的定位策略［M］．

北京：电子工业出版社，2005：6－168

［10］爱德华·张伯伦著，周文译．垄断竞争理论［M］．北京：华夏出版社，2009：59－120

［11］Byron Sharp，John Dawes. What is Differentiation and How Does it Work？［J］．Journal of Marketing Management，2001，17：739－759

［12］David Mercer. Marketing［M］．Oxford，UK：Blackwell Publisher，1992：184，264

［13］Peter R. Dickson. Marketing Management，Second ed［M］．Florida：The Dryden Press，Harcourt Brace College Publishers，1997：333

［14］迈克尔·波特著，陈小悦译．竞争战略［M］．北京：华夏出版社，2005：36－37

［15］Joseph P Guiltinan，Gordon W Paul. Marketing Management，Fourth ed［M］．USA：McGraw－Hill，Inc，1991：176

［16］杰弗里 M. 佩罗夫著，谷宏伟等译．中级微观经济学［M］，北京：机械工业出版社，2009：327－329

［17］斯蒂芬·马丁著，史东辉等译．高级产业经济学（第 2 版）［M］．上海：上海财经大学出版社，2003：50－59

［18］芮明杰，李想．差异化、成本领先和价值创新——企业竞争优势的一个经济学解释［J］．财经问题研究，2007. 1：41

［19］Richard E. Caves，Peter J. Williamson. What is differentiation，Really？［J］Journal of Industrial Economics，1985，Vol. 34（2）：113－132

［20］Pelham，A. M. Market Orientation and Performance：the Moderating Effects of Product and Customer Differentiation［J］．Journal of Business and Industrial Marketing，Vol. 12（5），1997：276－296

［21］Zhou K. Z，Brown J. R，Dev C. S. Market Orientation，Competitive Advantage，and Performance：A Demand－based Perspective［J］．Journal of Business Research，Vol. 62，2009：1063－1070

［22］Das S. R，Joshi M. P. Process Innovativeness in Technology Service

Organizations：Role of Differentiation Strategy，Operational Autonomy and Risk -taking Propensity ［J］．Journal of Operations Management，Vol. 25，2007：643 -660

［23］Finney R. Z，Campbell N. Z，Powell C. M. Strategies and Resources：Pathways to Success？［J］．Journal of Business Research，Vol. 58，2005：1721 -1729

［24］罗瑟·里夫斯著，张冰梅译．实效的广告［M］．呼和浩特：内蒙古人民出版社，1999：80 -82

［25］艾．里斯，杰克．特劳特．定位［M］．北京：中国财政经济出版社，2002

［26］菲利普·科特勒，凯文·莱恩·凯勒著，梅清豪译．营销管理（第12版）［M］．上海：上海人民出版社，2006. 9：347 -355，418 -423

［27］MacMillan I. C，McGrath R. G. Discovering New Points of Differentiation［J］．Harvard Business Review，No. 4，1997：133 -138

［28］张维迎．博弈论与信息经济学［M］．上海：上海三联书店，2004：46 -48

［29］马龙龙．流通产业组织［M］．北京：清华大学出版社，2006：108 -109

［30］Morschett D.，Swoboda B.，Schramm - Klein Hanna. Competitive Strategies in Retailing——An Investigation of the applicability of Porter's Framework for Food Retailers［J］．Journal of Retailing and Consumer Services，Vol. 13，2006：278 -279

［31］李飞，王高，李翔．中国成功零售企业定位点的实证研究［J］．南开管理评论，第9卷，2006. 4：24 -28

［32］Whale，Matthew. Same Thing，Only Different：the Retail Pursuit of Differentiation［J］．European Retail Digest，Vol. 29（9），2001：7 -9

［33］Collins - Dodd C，Lindley T. Store Brands and Retail Differentiation：the Influence of Store Image and Store Brand Attitude on Store Own Brand Perceptions [J]. Journal of Retailing and Consumer Services, Vol. 10, 2003: 345 - 352

[34] 徐从才. 流通经济学：过程、组织、政策 [M]. 北京：中国人民大学出版社，2006：222

[35] Choi S. C, Coughlan A T. Private label positioning: Quality versus feature differentiation from the national brand [J]. Journal of Retailing, 2006, 82 (2): 79 - 93

[36] Sutton, J. Sunk Cost and Market Structure: Price Competition, Advertising, and the Evolution of Concentration [M]. MIT Press, Cambridge, 1991

[37] Ellickson, P. B. Quality Competition in Retailing: A Structural Analysis [J]. International Journal of Industrial Organization, Vol. 24, 2006: 521 - 540

[38] Cavero S., Cebollada J., Salas V. Price Formation in Channels of Distribution with Differentiated Products: Theory and Empirical Evidence [J]. International Journal of Research in Marketing, Vol. 15, 1998: 427 - 441

[39] Martin C. R., Jr. Retail Service Innovation: Input for Success [J]. Journal of Retailing and Consumer Service, Vol. 3 (2), 1996: 63 - 71

[40] Padgett D., Mulvey M. S. Differentiation Via Technology: Strategic Positioning of Services Following the Introduction of Disruptive Technology [J]. Journal of Retailing, Vol. 83 (4), 2007: 375 - 391

[41] Theodoras Dimitrios T. Customer service differentiation in the Greek food market: the case of chilled and ambient products [J]. International Journal of Logistics: Research and Applications, 2006, 9 (4): 383 - 393

[42] Wortzel, L. H. Retailing's strategy for Today's Mature Marketplace [J]. Journal of Business Strategy, Vol. 7 (4), 1987: 45 - 56

[43] Homburg C., Hoyer W. D., Fassnacht M. Service Orientation of a Retailer's Business Strategy: Dimensions, Antecedents and Performance Out-

comes [J]. Journal of Marketing, Vol. 66, 2002: 88 - 89

[44] Netz J. S., Taylor B. A. Maximum or Minimum Differentiation? Location Patterns of Retail Outlets [J], The Review of Economics and Statistics, Vol. 84 (1), 2002: 162 - 175

[45] Mejia L. C, Benjamin J. D. What Do We Know the Determinants of Shopping Center Sales? Spatial vs. Non - spatial Factors [J]. Journal of Real Estate Literature, Vol. 10 (1), 2002: 3 - 20

[46] Doyle S. A., Broadbridge A. Differentiation by Design: the Importance of Design in Retailer Repositioning and Differentiation [J]. International Journal of Retail & Distribution Management, Vol. 27 (2), 1999: 72 - 82

[47] Sinha P. K., Uniyal D. P. Using Observational Research for Behavioral Segmentation of Shoppers [J]. Journal of Retailing and Consumer Services, Vol. 12 (1), 2005: 35 - 48

[48] Voss G. B, Seiders K. Exploring the Effect of Retail Sector and Firm Characteristics on Retail Price Promotion Strategy [J]. Journal of retailing, Vol. 79, 2003: 37 - 52

[49] Fahy, C. A. Internet Versus Traditional Retailing: An Address Model Approach [J]. Journal of Economics and Business, Vol. 58, 2006: 240 - 255

[50] Souitaris V., Balabanis G. Tailing Online Retail Strategies to Increase Customer Satisfaction and Loyalty [J]. Long Range Planning, Vol. 40, 2007: 244 - 261

[51] Chaudhuri A., Mark Ligas. Consequences of Value in Retail Markets [J]. Journal of Retailing, Vol. 85, No. 3, 2009: 410

[52] Chun R., Davies G. The Influence of Corporate Character on Customers and Employees: Exploring Similarities and Differences [J]. Journal of the Academy of Marketing Science, Vol. 34 (2), 2006: 138 - 146

[53] Allard T, Babin B J., Chebat J C. When Income Matters: Customers Evaluation of Shopping Malls' Hedonic and Utilitarian Orientations [J].

Journal of Retailing and Consumer Services, Vol. 16, 2009: 41 – 42

[54] Yue P., Zinkhan G. M. Determinants of Retail Patronage: A Meta – analytical Perspective [J]. Journal of Retailing, Vol. 82 (3), 2006: 229 – 243

[55] Arnold S. J., Oum T. H., Tigert D. J. Determinant Attributes in Retail Patronage: Seasonal, Temporal, Regional, and International Comparisons [J]. Journal of Marketing Research, Vol. 20, 1983: 149 – 157

[56] Baltas G., Argouslidis P. C., Skarmeas D. The Role of Customer Factors in Multiple Store Patronage: A Cost – Benefit Approach [J]. Journal of Retailing, Vol. 86 (1), 2010: 37 – 50

[57] Baker J., A. Parasuraman, Dhruv Grewal. The Influence of Multiple Store Environment Cues on Perceived Merchandise Value and Patronage Intention [J]. Journal of Marketing, Vol. 66, 2002: 129

[58] Darian J. C., Wiman A. R., Tucci L. A. Retail Patronage Intentions: the Relative Importance of Perceived Prices and Salesperson Service Attributes [J]. Journal of Retailing and Consumer Services, Vol. 12, 2005: 15 – 23

[59] Zolfagharian M. A., Paswan A. Perceived Service Innovativeness, Consumer Trait Innovativeness and Patronage Intention [J]. Journal of Retailing and Consumer Services, Vol. 16, 2009: 155 – 162

[60] Grewal D., Baker J., Levy M, et al. The Effect of Wait Expectations and Store Atmosphere Evaluation on Patronage Intentions in Service – intensive Retail Stores [J]. Journal of Retailing, Vol. 79, 2003: 259 – 269

[61] Shapiro, C. Premiums for High Quality Products as Returns to Reputation [J]. Quarterly Journal of Economics, Vol. 98, 1983: 659 – 679

[62] Persson, Niklas. An Exploratory Investigation of the Elements of B2B Brand Image and Its Relationship to Price Premium [J]. Industrial Marketing Management, 2010

[63] Reichheld F., Sasser W. E. Zero Defections: Quality Comes to Services [J]. Harvard Business Review, Vol. 68 (Sept. – Oct.), 1990: 105 – 111

[64] Srinibasan S. S, Anderson R. , Pannavolu K. Customer Loyalty in E - commerce: An Exploration of Its Antecedents and Consequences [J]. Journal of Retailing, Vol. 78, 2002: 41 - 50

[65] Babin, B. J, Laurie Babin. Seeking Something Different? A Model of Schema Typicality, Consumer Affect, Purchase Intention and Perceived Shopping Value [J]. Journal of Business Research, Vol. 54, 2001: 90 - 91

[66] Michael Levy, Barton A. Weitz. Retailing Management [M]. New York: McGraw Hill, 2009

[67] McGoldrick, P. J. Retail Marketing [M], 2nd Edition. New York: McGraw - Hill Book Co, 2002

[68] 巴里·伯曼、乔尔·R·埃文斯著，吕一林等译．零售管理（第9版）[M]．北京：中国人民大学出版社，2007年2月：139；591 - 592

[69] 迈克尔·利维，巴顿 A. 韦茨．零售学精要 [M]. 北京：机械工业出版社，2000：11

[70] 李飞，陈浩，曹鸿星等．中国百货商店如何进行服务创新——基于北京当代商城的案例研究 [J]. 管理世界，2010. 2：114 - 126

[71] Sanjay K. Dhar, Stephen J. Hoch, Nanda Kumar. Effective category management depends on the role of the category [J]. Journal of Retailing, Vol. 77 (2), 2001: 165 - 184

[72] Gerald E. Smith, Meera P. Venkatraman, Lawrence H. Wortzel. Strategic Markeing Fit in Manufacturer - Retailer Relationships: Price Leaders Versus Merchandise Differentiation [J]. Journal of Retailing, 1995, Vol. 71, No, 3: 301

[73] Antje Wirthgen. Consumer, Retailer, and Producer Assessments of Product Differentiation According to Regional Origin and Process Quality [J]. Agribusiness, Vol. 21 (2), 2005: 191 - 211

[74] 夏春玉．PB商品与零售市场 [J]. 市场营销导刊，2003. 2

[75] Kusum L. Ailawadi, Bari Halam. An Empirical Analysis of the Deter-

minants of Retail Margins: The Role of Store Brand Share [J]. Journal of Marketing, Vol. 68 (1), 2004: 147 - 165

[76] 尼尔马利亚·库马尔，简 - 贝内迪克特·E. M. 斯丁坎普. 自有品牌：狼来了 [M]. 北京：商务印书馆，2009

[77] Varley R., Rafiq M. 零售管理教程（第二版）[M]. 北京：经济管理出版社，2005：248

[78] Harris L. C., Ogbonna E. Competitive Advantage in the UK Food Retailing Sector: Past, Present and Future [J]. Journal of Retailing and Consumer Services, Vol. 8, 2001: 157 - 173

[79] Tony Kent, Ogenyi Omar. 什么是零售 [M]. 电子工业出版社，2004: 336

[80] Aaker, D. A. Managing assets and skills: the key to sustainable competitive advantage [J]. California Management Review, Vol. 31 (2), 1986: 91 - 106.

[81] Cull, C. Let's talk about us [J]. The Grocer, Vol. 20 (9), 1997: 12 - 17.

[82] Patrick M. Dunne, RobertF. Lusch, David A. Griffith. 零售学 [M]. 北京：中信出版社，2006：378

[83] 帕特里克·M·邓恩，罗伯特·F·勒斯克. 零售管理 [M]. 北京：清华大学出版社，2007：365

[84] Kim Shyan Fam, Bill Merrilees. Determinants of Shoe Retailers' Perception of Promotion Tools [J]. Journal of Retailing and Consumer Services, Vol. 3 (3), 1996: 157

[85] Swindley, D. UK retailers and global responsibility [J]. The Services Industries Journal, Vol. 10, 1990: 589 - 598.

[86] Oppewal H., Alexander A., Sullivan P. Consumer Perception of Corporate Social Responsibility in Town Shopping Center and Their Influence on Shopping Evaluations [J]. Journal of Retailing and Consumer Services,

Vol. 13, 2006: 261 - 274

[87] Neven D., Thisse J. On Quality and Feature Competition Economic Decision Making: Games [J]. Econometrics and Optimisation, Vol. 7, 1990: 175 - 199

[88] Zeithmal, V. A. Consumer Perception of Price, Quality and Value: a Means - end Model and Synthesis of Evidence [J]. Journal of Marketing, Vol. 52 (3), 1988: 2 - 22

[89] Parasuraman A., Grewal D. The Impact of Technology on the Quality - Value - Loyalty Chain: A Research Agenda [J]. Journal of the Academy of Marketing Science, Vol. 28 (1), 2000: 168 - 174

[90] Holbrook M., Hirshman E. The Experiential Aspects of Use: Consumer Fantasies, Feelings and Fun [J]. Journal of Consumer Research, Vol. 9, 1982: 132 - 140

[91] Barry J. Babin, William R. Darden, Griffin M.. Work and/or fun: measuring hedonic and utilitarian shopping [J]. Journal of Consumer Research, Vol. 20 (4), 1994: 644

[92] Holbrook, Morris B. Emotion in the Consumption Experience: Toward a New Model of the Human Consumer [C]. The Role of Affect in Consumer Behavior: Emerging Theories and Applications, ed. Robert A. Peterson et al., Lexington MA: Health, 1986: 17 - 52

[93] Arnold M. J., Reynolds K. E. Affect and Retail Shopping Behavior: Understanding the Role of Mood Regulation and Regulatory Focus [J]. Journal of Retailing, Vol. 85 (3), 2009: 308 - 320

[94] Carpenter J. M., Moore M. and Fairhurst A. E. Consumer Shopping Value for Retail Brands [J]. Journal of Fashion Marketing and Management, Vol. 9 (1), 2005: 43 - 53

[95] Deci E. L., Betley G. and Kahle J et al. When Trying to Win: Competition and Intrinsic Motivation [J]. Personality and Social Psychology Bulle-

tin, Vol. 7（3）, 1981：79 - 83

［96］Michael A. Jones, Kristy E. Reynolds, Mark J. Arnold. Hedonic and utilitarian shopping value：investigating differential effects on retail outcomes［J］. Journal of Business Research, Vol. 59, 2009：974

［97］Ulaga W., Eggert A. Value - Based Differentiation in Business Relationships：Gaining and Sustaining Key Supplier Status［J］. Journal of Marketing, Vol. 70（1）, 2006：119 - 136

［98］Carpenter G. S., Glazer R. and Nakamoto K. Meaningful Brand From Meaningless Differentiation：The Dependence on Irrelevant Attributes［J］. Journal of Marketing Research, Vol. 31, 1994：339 - 350

［99］朱华伟，涂荣庭．商业领域顾客满意及未来行为意向的影响因素研究［J］．中国工业经济，2008. 4：92 - 101

［100］于立宏，郁义鸿．基于纵向差异化的价值创新战略［J］．经济管理，2007. 1：43 - 48

［101］Chenet P., Dagger T. S. and O'Sullivan D. Service Quality, Trust, Commitment and Service Differentiation in Business Relationship［J］. Journal of Services Marketing, Vol. 24（5）, 2010：336 - 346

［102］Cristini G. Service Quality in Non - grocery Distribution：the Role of Personnel［J］. The International Review of Retail, Distribution and Consumer Research, Vol. 2（2）, 1992：197 - 216

［103］Ward J. C., Bitner M. J. and Barnes J. Measuring the Prototypically and Meaning of Retail Environments［J］. Journal of Retailing, Vol. 68, 1992：94 - 100

［104］Kumar V., Karande K. The Effect of Retail Store Environment on Retailer Performance［J］. Journal of Business Research, Vol. 49, 2000：167 - 181

［105］Kaltcheva V. D., Weitz B. A. When Should a Retailer Create an Exciting Store Environment?［J］. Journal of Marketing, Vol. 70（1）, 2006：

107 – 118

[106] Hardesty D. M., Bearden W. O. Consumer Evaluation of Different Promotion Types and Price Presentation: the Moderating Role of Promotional Benefit Level [J]. Journal of Retailing, Vol. 79, 2003: 17 – 25

[107] Gedenk K., Neslin S. A. The role of retail promotion indetermining future brand loyalty: Its effect on purchase event feedback [J]. Journal of Retailing, Vol. 75 (4), 1999: 433 - 459.

[108] Burt S., Jose Carralero – Encinas. The Role of Store Image in Retail Internationalization [J]. International Marketing Review, Vol. 17 (4), 2000: 436

[109] Thang D. C. L., Tan B. L. B. Linking Consumer Perception to Preference of Retail Stores: An Empirical Assessment of the Multi – attributes of Store Image [J]. Journal of Retailing and Consumer Services, Vol. 10, 2003: 193 – 200

[110] Chowdhury J., Reardon J., Srivastava R. Alternative Modes of Measuring Store Image: An Empirical Assessment of Structured Versus Unstructured Measures [J]. Journal of Marketing Theory and Practice, Vol. 6 (2), 1998: 72 – 86

[111] Alice M. Tybout, Brian Sternthal. "Brand Positioning", in Kellogg on Marketing. New York: John Wiley & Sons, 2001: 54

[112] 王方华，李乃和．营销工程［M］．上海：上海交通大学出版社，2006. 4: 123 – 124

[113] Nevin J. R., Houston M. J. Image as a Component of Attraction to Intra – urban Shopping Areas [J]. Journal of Retailing, Vol. 56, 1980: 77 – 93

[114] Kotler, Philip. Atmospheric as a Marketing Tool [J]. Journal of Retailing, Vol. 49 (4), 1973: 48 – 64

[115] Baker J., Grewal D., Parasuraman A. The Influence of Store Environment on Quality Inference and Store Image [J]. Journal of the Academy of Marketing Science, Vol. 22 (4): 328 – 339

[116] Dodds W. B., Monroe K. B., Grewal D. The Effects of Price, Brand and Store Information on Buyers' Product Evaluation [J]. Journal of Marketing Research, Vol. 28, 1991: 307-319

[117] Donovan R. J., Rossiter J. R. Store Atmosphere: An Environmental Psychology Approach [J]. Journal of Retailing, Vol. 58 (Spring), 1982: 34-57

[118] Wakefield K. W., Baker J. Excitement at the Mall: Determinants and Effects on Shopping Response [J]. Journal of Retailing, Vol. 74 (4), 1998: 515-539

[119] Chutturi R., Raghunathan R., Mahajan V. Delight by Design: The Role of Hedonic Versus Utilitarian Benefit [J]. Journal of Marketing, Vol. 72 (5), 2008: 48-63

[120] Berry L. L. The Components of Department Store Image: A Theoretical and Empirical Analysis [J]. Journal of Retailing, Vol. 45 (1), 1969: 3

[121] Grewal D., Krishnan R., Baker J. et al. The Effect of Store Name, Brand Name and Price Discounts on Consumers' Evaluation and Purchase Intention [J]. Journal of Retailing, Vol. 74 (3), 1998: 331-352

[122] Shapiro, C. Premiums for High Quality Products as Returns to Reputation [J]. Quarterly Journal of Economics, Vol. 98, 1983: 659-679

[123] Ba S., Pavlou P. A. Evidence of the Effect of Trust Building Technology in Electronic Markets: Price Premiums and Buyer Behavior [J]. MIS Quarterly, Vol. 26 (3), 2002: 243-268

[124] Zeithaml, Valarie A., Berry Leonard L. and A. Parasuraman. The Behavioral Consequences of Service Quality [J]. Journal of Retailing, Vol. 60 (4), 1996: 34

[125] Keller K. L., Lehman D. R. How Do Brands Create Value? [J]. Marketing Management, Vol. 12 (3): 26-31

[126] Pitts R. E Jr., Woodside A. G. Personal Values and Consumer Psy-

chology [M]. Health and Conpany, Lexington, 1984

[127] 黄向，保继刚，Wall Geoffrey. 场所依赖：一种游憩行为现象的研究框架 [J]. 旅游学刊，2006. 9，21卷：20

[128] Williams D. R., Patterson M. E., Roggenbuck J. W. Beyond the Commodity Metaphor: Examing Emotional and Symbolic Attachment to Place [J]. Leisure Science, Vol. 14, 1992: 29-46

[129] Stedman, R. C. Toward a Social Psychology of Place: Predicting Behavior from Place-based Cognitions, Attitudes and Identity [J]. Environment and Behavior, Vol. 34 (5), 2002: 561-581

[130] Scannell L., Gifford R. Defining Place Attachment: A Tripartite Organizing Framework [J]. Journal of Environmental Psychology, Vol. 30, 2010: 1-10

[131] Brown B., Perkins D. D., Brown G. Place Attachment in a Revitalizing Neighborhood: Individual and Block Level Analysis [J]. Journal of Environmental Psychology, Vol. 23, 2003: 259-271

[132] Hay R. Sense of Place in Developmental Context [J]. Journal of Environmental Psychology, Vol. 18, 1998: 5-29

[133] Goldsmith R. E., Stith M., White D. J. An Empirical Study of the Relationship between Personal Values and Innovative Purchasing Behavior [J]. Development in Marketing Science, Vol. 12, 1989: 84-88

[134] Stokols D., Shumaker S. A. People in Places: A Transaction View of Settings [D]. In J. Harvey, Cognition, Social Behavior, and the Environment, NJ: Hillsdale, 1981: 441-488

[135] Yuksel A., Yuksel F., Bilim Y. Destination Attachment: Effects on Customer Satisfaction and Cognitive, Affective and Conative Loyalty [J]. Tourism Management, Vol. 31, 2010: 274-284

[136] Elisabeth Deanne Brocato. Place attachment: An investigation of environment and outcomes in a service context [Doctoral Dissertation]. The Uni-

versity of Texas at Airlington, 2006: 43 – 44

[137] Orth U. R. , Green M. T. Consumer Loyalty to Family versus Non – family Business: The Roles of Store Image, Trust and Satisfaction [J]. Journal of Retailing and Consumer Services, Vol. 16, 2009: 248 – 259

[138] Saleh, M. A. E. Place Identity: The Visual Image of Saudi Arabian Cities [J]. Habitat International, Vol. 22 (2), 1998: 149 – 164

[139] Markman A. B, Gentner Dedre. Structural alignment during similarity comparisons [J]. Cognitive Psychology, Vol. 25, 1993:

[140] Kraus, P. J. Competitive Brand Differentiation: What Makes Differences Valuable [D]. Evanston: University of Illinois, 2000: 25

[141] Zhang S. , Markman A. B. Overcoming the Early Entrant Advantage: The Role of Alignable and Non – alignable Differences [J]. Journal of Marketing Research, Vol. 35 (4), 1998: 413 – 426

[142] Arora, R. Consumer Involvement in Retail Store Positioning [J]. Academy of Marketing Science, Vol. 10 (2), 1982: 109 – 124

[143] Assael, Henry. Consumer Behavior and Marketing Action [M]. Cincinnati: SouthWestern College Publishing, 5tj ed. , 1998

[144] Rokeach, M. Roles of Value in Public Opinion Research [J]. Public Opinion Quarterly, Vol. 32 (Winter), 1968: 547 – 560

[145] Bloch P. H. , Richins M. L. A Theoretical Model for the Study of Product Importance Perception [J]. Journal of Marketing, Vol. 47 (3), 1983: 69 – 81

[146] Shao C. Y, Julie Baker, Judy A. Wagner. The effects of appropriateness of service contact personnel dress on customer expectations of service quality and purchase intention: The moderating influences of involvement and gender [J]. Journal of Business Research, Vol. 57, 2004: 1166 – 1167

[147] Steenkamp JBEM, Heerde H. J. , Geyskens I. Whar Make Consumers Willing to Pay a Price Premium for National Brands over Private Labels?

[J]. Journal of Marketing Research, Vol. 47 (6), 2010: 1011 - 1024

[148] Puccinelli N. M., Goodstein R. C., Grewal D., et al. Customer Experience Management in Retailing: Understanding the Buying Process [J]. Journal of Retailing, Vol. 85 (1), 2009: 15 - 30

[149] Smith G. E., Venkatraman M. P., Wortzel L. H. Strategic Marketing Fit in Manufacturer - Retailer Relationship: Price Leaders Versus Merchandise Differentiators [J]. Journal of Retailing, Vol. 73 (3), 1995: 297 - 315

[150] Li, Zhou. How Foreign Firms Acheive Competitive Advantage in the Chinese Emerging Economy: Managerial Ties and Market Orientation [J]. Journal of Business Research, Vol. 63, 2010: 856 - 862

[151] Gebauer, Heiko. Identifying Service Strategies in Product Manufacturing Companies by Environment - Strategy Configurations [J]. Industrial Marketing Management, Vol. 37, 2008: 278 - 291

[152] Babin B. J., Attaway J. S. Atmospheric Affect as a Tool for Creating Value and Gaining Share of Customer [J]. Journal of Business Research, Vol. 49, 2000: 91 - 99

[153] Overby J. W., Lee E. J. The Effects of Utilitarian and Hedonic Online Shopping Value on Consumer Preference and Intentions [J].

[154] Wu Jinfeng, Tian Zhilong. The Impact of Selected Store Image Dimensions on Retailer Equity: Evidence from 10 Chinese Hypermarkets [J]. Journal of Retailing and Consumer Services, Vol. 16, 2009: 486 - 494

[155] Gross M. J., Brown G. An Empirical Structural Model of Tourists and Places: Progressing Involvement and Place Attachment into Tourism [J]. Tourism Management, Vol. 29, 2008: 1141 - 1151

[156] Chaudhuri A., Holbrook M. B. The Chain of Effects from Brand Trust and Brand Affect to Brand Performance: The Role of Brand Loyalty [J]. Journal of Marketing, Vol. 65 (4), 2001: 81 - 93

[157] 卢纹岱. SPSS for Windows 统计分析（第3版）[M]. 北京：电

子工业出版社，2006：517 -519

[158] Hair，et al. Multivariate Data Analysis，5th ed. [M]. Upper Saddle River，NJ：Prentice Hall，1998

[159] Schwab，D. P. Construct Validity in Organizational Behavior [J]. Research in Organizational Behavior，Vol. 2：3 -43

[160] Haynes S. N.，Richard D. C.，Kubany E. S. Content Validity in Psychological Assessment：A Functional Approach to Concepts and Methods [J]. Psychological Assessment，Vol. 7：238 -247

[161] 吴明隆 . SPSS 统计应用实务：问卷分析与应用统计 [M]. 北京：科学出版社，2003：63

[162] 陈晓萍，徐淑英，樊景立 . 组织与管理研究的实证方法 [M]. 北京：北京大学出版社，2008：241

[163] 侯杰泰，温忠麟，成子娟 . 结构方程模型及其应用 [M]. 北京：教育科学出版社，2004：203

[164] 温忠麟，张雷，侯杰泰 . 中介效应检验程序及其应用 [J]. 心理学报，2004. 5，第 36 卷：617

[165] Seock，Y. K. Influence of Retail Store Environmental Cues on Consumer Patronage Behavior across Different Retail Store Formats：An Empirical Analysis of US Hispanic Consumers [J]. Journal of Retailing and Consumer Services，Vol. 16，2009：329 -339

[166] Coleman，Richard P. The Continuing Significance of Social Class to Marketing [J]. Journal of Consumer Research，Vol. 10 (3)，1983：265

[167] Bellenger D. N.，Robertson D. H.，Greenberg B. A. Shopping Center Patronage Motives [J]. Journal of Retailing，Vol. 53 (2)，1977：29

[168] 中华人民共和国国家统计局 . 中国统计年鉴 2009. 中国统计出版社，2009. http：//www. stats. gov. cn/tjsj/ndsj/2009/indexch. htm

[169] Twigger -Rose C. L.，Uzzell D. L. Place and Identify Process [J]. Journal of Environmental Psychology，Vol. 16，1996：205 -220

附录　调查问卷

一、请根据您最喜欢去的一家大型零售商场（包括百货商场、大型超市、购物中心等）的实际情况，回答以下问题：

（一）您最喜欢去的这家大型商场的名称是________

（二）请根据您在该商场购物的实际体验，在您对该题说法的认可程度的代码上打"√"，如您完全同意则勾选7，完全不同意则勾选1，依此类推。

题号	题项表述	完全不同意	基本不同意	有点不同意	不能确定	有点同意	基本同意	完全同意
请根据您在这家商场购物过程中各方面细节的感受做出您的判断								
1	这家商场相比其他商场有较多新产品	1	2	3	4	5	6	7
2	这家商场有较多与其他商场不同的商品	1	2	3	4	5	6	7
3	这家商场有较多知名品牌商品	1	2	3	4	5	6	7
4	这家商场推出新产品的速度比其他商场要快	1	2	3	4	5	6	7
5	这家商场的商品质量比其他商场更佳	1	2	3	4	5	6	7
6	这家商场商品选择范围相对同类商场更宽泛	1	2	3	4	5	6	7
7	这家商场比其他商场推出更多的服务	1	2	3	4	5	6	7
8	这家商场的服务水平比其他商场要高	1	2	3	4	5	6	7
9	这家商场在当地同行中能率先推出新服务	1	2	3	4	5	6	7
10	这家商场的服务使其很容易区别于其他商场	1	2	3	4	5	6	7

续表

题号	题项表述	完全不同意	基本不同意	有点不同意	不能确定	有点同意	基本同意	完全同意
请根据您在这家商场购物过程中各方面细节的感受做出您的判断								
11	这家商场的购物便利程度比其他商场更好	1	2	3	4	5	6	7
12	这家商场的商品陈列方式让我感到更舒服	1	2	3	4	5	6	7
13	这家商场的气氛让我感到更愉悦	1	2	3	4	5	6	7
14	这家商场的装修设计风格很有特色	1	2	3	4	5	6	7
15	这家商场很注重听取顾客的意见和需求	1	2	3	4	5	6	7
16	这家商场的促销活动中消费者实际获得的利益比在其他商场的高	1	2	3	4	5	6	7
17	这家商场在公益活动上做得比其他商场更佳	1	2	3	4	5	6	7
18	这家商场促销宣传信息比其他商场的更容易获得	1	2	3	4	5	6	7
19	这家商场的广告促销活动可以使其有效地与其他商场区分开	1	2	3	4	5	6	7
请根据您对这家商场的总体印象对下列说法做出判断								
20	这家商场是一个令人愉快的购物场所	1	2	3	4	5	6	7
21	在这家商场的购物体验很有吸引力	1	2	3	4	5	6	7
22	这家商场的整体服务很好	1	2	3	4	5	6	7
23	这家商场有品质很好的商品	1	2	3	4	5	6	7
24	这家商场的销售服务人员能够给予不少帮助	1	2	3	4	5	6	7
25	我对这家商场的印象很好	1	2	3	4	5	6	7
请根据您的个人实际感受到的价值对下面的说法做出判断								
26	在这家商场的购物过程让我很高兴	1	2	3	4	5	6	7
27	来这家商场不是因为我必须来，而是我想来	1	2	3	4	5	6	7
28	与其他我能做的事相比，花时间来购物更让我快乐	1	2	3	4	5	6	7
29	我喜欢的是购物过程本身，而不仅仅是喜欢我想买的东西	1	2	3	4	5	6	7
30	在购物过程中，我感受到了搜寻到中意商品的快乐	1	2	3	4	5	6	7
31	在购物过程中，我有一种刺激新鲜的感觉	1	2	3	4	5	6	7
32	在这里的购物过程是一次很好的消遣	1	2	3	4	5	6	7
33	在这里的购物过程中我能完成之前的计划	1	2	3	4	5	6	7

续表

题号	题项表述	完全不同意	基本不同意	有点不同意	不能确定	有点同意	基本同意	完全同意
请根据您的个人实际感受到的价值对下面的说法做出判断								
34	我在这家商场总能买我真正需要的东西	1	2	3	4	5	6	7
35	在这的购物过程中，我能找到我想寻找的东西	1	2	3	4	5	6	7
36	如果我需要去另一家商店才能完成我的购物，我会感到很失望	1	2	3	4	5	6	7
37	在这家商场购物，我能节省时间	1	2	3	4	5	6	7
38	在这家商场购物在经济上很划算，物有所值	1	2	3	4	5	6	7
请根据您对这家商场的喜好程度和光顾意愿对下列说法进行判断								
39	这家商场是我生活的一部分	1	2	3	4	5	6	7
40	这家商场对我很重要	1	2	3	4	5	6	7
41	这家商场与我关联程度很大	1	2	3	4	5	6	7
42	我很认可/认同这家商场	1	2	3	4	5	6	7
43	相比其他商场，我更爱来这家商场购物	1	2	3	4	5	6	7
44	相比其他商场，我在这家商场购物满意程度更高	1	2	3	4	5	6	7
45	这家商场能最好地满足我的需要	1	2	3	4	5	6	7
46	我很愿意再次光顾这家商场	1	2	3	4	5	6	7
47	我会继续在这家商场购物	1	2	3	4	5	6	7
48	我会将这家商场介绍给我的亲戚朋友	1	2	3	4	5	6	7
49	相比其他同类商场，我愿意在这家商场支付略高一点的价格	1	2	3	4	5	6	7
50	即使其他商场广告上有更低的价格，我还是更愿意在这家商场购物	1	2	3	4	5	6	7

二、请根据您个人对各商场的实际判断，在符合您实际的选项上打勾

1. 以下要素中，您能否明确判断出您最常去的这家商场与其他同类商场差别的大小？

题号	要素	完全不能	基本不能	略微不能	说不清	略微能	基本可以	完全可以
51	商品的差异	1	2	3	4	5	6	7
52	服务的差异	1	2	3	4	5	6	7
53	购物环境的差异	1	2	3	4	5	6	7
54	促销与顾客沟通的差异	1	2	3	4	5	6	7

2. 以下要素中，您能否明确判断出您常去的这家商场和其他同类商场哪家做得最好？

题号	要素	完全不能	基本不能	略微不能	说不清	略微能	基本可以	完全可以
55	商品	1	2	3	4	5	6	7
56	服务	1	2	3	4	5	6	7
57	购物环境	1	2	3	4	5	6	7
58	促销与顾客沟通	1	2	3	4	5	6	7

三、请根据您的个人情况回答以下问题，在相应序号上打√

59 您的性别是：A. 男　B. 女

60 您的年龄是：A. 20 岁以下　B. 20 - 29　C. 30 - 39　D. 40 - 49　E. 50 - 59　F. 60 岁及以上

61 您最常去的这家商场与您家/工作单位的距离是否很近？A. 是　B. 不是

62 您最常去的这家商场是不是位于您所在城市的黄金地段？A. 是　B. 不是

63 您是否有这家商场的购物卡或代金券？A. 有　B. 没有

64 您平均每月在这家商场的消费金额为多少？A. 200 元以下　B. 200 ~ 400 元　C. 400 元 ~ 600 元　D. 600 ~ 800 元　E. 800 - 1000 元　F. 1000 元以上

65 您的家庭月收入是：A. 2000 元以下（不含 2000）　B. 2000 ~ 4999 元　C. 5000 ~ 8999 元　D. 9000 ~ 11999 元　E. 12000 ~ 13999 元　F. 14000 ~ 16999 元　G. 17000 ~ 19999 元　H. 20000 元及以上

最后，再一次向您的积极配合与大力支持表示感谢！祝您健康、顺利！